本书由北京财税研究院课题基金资助出版

PPP

PPP信息披露机制研究

——基于世界银行的经验

贾英姿◎著

中国财经出版传媒集团
经济科学出版社
Economic Science Press

图书在版编目（CIP）数据

PPP信息披露机制研究：基于世界银行的经验/贾英姿著.—北京：经济科学出版社，2018.8
ISBN 978-7-5141-9624-5

Ⅰ.①P… Ⅱ.①贾… Ⅲ.①政府投资-合作-社会资本-会计分析-研究 Ⅳ.①F830.59②F014.39③F231.2

中国版本图书馆CIP数据核字（2018）第184606号

责任编辑：于海汛 李 林
责任校对：王肖楠
责任印制：李 鹏

PPP信息披露机制研究
——基于世界银行的经验
贾英姿 著
经济科学出版社出版、发行 新华书店经销
社址：北京市海淀区阜成路甲28号 邮编：100142
总编部电话：010-88191217 发行部电话：010-88191522
网址：www.esp.com.cn
电子邮件：esp@esp.com.cn
天猫网店：经济科学出版社旗舰店
网址：http://jjkxcbs.tmall.com
北京季蜂印刷有限公司印装
710×1000 16开 8.5印张 140000字
2018年8月第1版 2018年8月第1次印刷
ISBN 978-7-5141-9624-5 定价：30.00元
（图书出现印装问题，本社负责调换。电话：010-88191510）

代　序

本书基于世界银行与相关发达经济体 PPP[①] 信息披露的实践经验，研究了 PPP 信息披露的基本内涵和理论基础，分析了世界银行和英国在 PPP 信息披露机制构建和发展中的经验和问题，以及相关信息在数据库、财政风险监测方面的应用案例。在此基础上，分析了在中国加快推进 PPP 信息披露机制的重要性和紧迫性，根据中国 PPP 的信息披露机制发展现状提出了政策建议。

从 PPP 的整体运行机制看，PPP 信息披露机制是 PPP 财政承诺的必要组成部分，是政府债务管理、预算管理、财政风险管理、税收监管、宏观经济风险管理的关键支持。PPP 信息披露的意义主要在于三方面：（1）强监督，促参与。PPP 信息披露在物有所值（VFM）、运作效率、防范腐败等方面能够发挥关键作用，这对于公共产品供给的效率和公平非常关键，通过信息披露既能有效提升公众参与度，又促公众成为有效监督 PPP 的一方。（2）降成本，增效率。PPP 项目参与方多、项目复杂性高，使得其信息不对称程度较高，从而带来了较高的沟通和交易成本，而有针对性的信息披露能够有效降低交易成本。（3）减风险，建长效。PPP 项目运行过程中面临重新谈判的可能性较大，是法律风险管理的要求，也是项目相关方对项目长效机制的要求。

本书从 PPP 的内涵出发，从理论上分析了 PPP 信息披露的必要性和重要性，PPP 信息披露的内涵主要包括信息披露的动机、用户与用途、范围、实施机构及面临挑战等。信息披露的价值主要体现沟通方面——披露的信息在政府促进参与主体之间的沟通发挥着关键作用，帮助政府不断完善利用 PPP 的能力，持续提升公共服务供给质量。受到不同国家司法体系的影响，政府推动 PPP 信息披露机制的动机主要有四个：一是政府反腐败

---

① PPP，public-private partnerships 的缩写，中文意思为“政府和社会资本合作”。

的目的；二是促进私有部门积极性，增加参与度；三是增强政府公信力；四是确保物有所值。

然而，建立一整套行之有效的PPP信息披露机制并非易事。这方面，世界银行发布的《PPP信息披露框架》对于研究各国信息披露体系的建设提出了全面建议和具体指导意见，包括相关法律和政策基础、采购前后的披露范围、机密信息等，对我国完善PPP信息披露机制有重要借鉴意义。其中，英国是应用PPP提供公共基础设施和公共服务方面比较有代表性的国家，相关法律和制度规范方面形成了一套相对比较完善的机制。

作为PPP信息披露机制中的关键一环，世界银行PPI数据库在PPP统计方面的应用实践值得关注。世界银行PPI数据库，记录了1990年以来世界银行在中低收入国家投资并已融资到位（financial closure）的PPP公共基础设施项目情况，相关项目中私营伙伴方承担运营风险。① 数据库涵盖了世界银行在发展中国家开展的PPP项目关键业务数据，其中绝大部分数据均从PPP项目的信息披露中获取，对PPP项目情况监测、经济分析研究等方面有重要参考价值。通常，PPP信息披露的信息量都比较大，构建PPP统计数据库非常有助于对信息进行挖掘利用和大数据分析，有助于为国家提供PPP发展规划政策依据和决策参考，也有助于对PPP进行穿透式监管。

基于PPP信息披露数据和PPI数据库，世界银行还开发了PPP财政风险识别与指标体系，换言之，信息披露为识别和测量PPP财政风险提供了大数据基础。从PPP财政风险出发，设计PPP信息披露指标体系，可实现项目全生命周期的财政风险动态监测。PPP财政风险一般比具体分配给项目双方的风险更大。世界银行将PPP项目中政府可能面临的财政风险划分为11类，并根据每一类风险制定了评估指标，研发了专门的评估工具PFRAM（Public－Private Partnerships Fiscal Risk Assessment Model）。世行认为，PPP财政风险中一些风险已明确分配给政府（即缔约政府当局或公共部门第三方），但仍有一些隐性风险未能得到识别，这些财政风险亦需进行评估，还需进一步研究。

总之，PPP信息披露机制既是中国PPP财政承诺的必要组成部分，也

① 如项目涉及投资，数据库的数据反映的是整个项目中公私双方的投资额之和，除了极个别情况外，数据库的“投资金额”均指项目最初的投资承诺金额（合同签署或融资到位时）。数据库引用了一些公共数据源，好处是数据来源有保障，但也这部分数据的可靠性主要依赖公共数据源，有时也存在不准确性风险。

是中国政府债务管理、预算管理、财政风险管理、宏观预测管理的关键支持。当前，我国 PPP 信息披露已完成了自身技术平台的基础建设和基本制度构建，进入完善 PPP 信息透明度的新阶段。为塑造 PPP 长效机制，加强风险防控，财政部正着力推动 PPP 进入规范、有序的发展阶段，实现从“起飞”向“平飞”转型。本书认为，未来几年，中国 PPP 信息披露机制将依据有关部门部署，在三个方面有所突破：其一，基于财政承诺与财政风险的考虑，建立健全 PPP 项目财政支出责任统计监测体系的要求，明确在承受能力之外的项目“不适则止”。其二，更严格的财政监管，按“穿透原则”对 PPP 项目进行资金运营的全面监管。其三，PPP 信息披露成为实现 PPP 健康发展长效机制的关键抓手。

目　录

第 1 章

导　论

1.1　选题背景

多年来，PPP 在全球的丰富实践表明，PPP 信息披露能力是 PPP 整体能力的一部分。PPP 的项目不仅涉及巨额融资、公共支出与公共风险，而且其过程与内容的复杂性使得参与其中的政府官员与企业负责人不得不处于高风险的交易之中。虽然目前并无很强有力的实证研究证明 PPP 的信息透明度与其项目绩效直接相关（这与 PPP 透明度相关政策较新有关，政策效果还有待观察和分析），然而，有一点获得了政策制定者和研究者的共识，即关键信息的披露能促进 PPP 项目达到更优的物有所值（value-for-money，VFM）。中国财政科学研究院调研报告显示，目前中国 PPP 模式下有“五大难点”之一是社会资本对进入政府与社会资本合作项目信心不足。[①] 当私营伙伴方获取的信息不足以降低投资不确定性时，体现在投资行为上，就是“信心不足”。这个问题从一个侧面反映了我国公私合作伙伴关系（PPP）开展过程中的信息披露机制还有待提升。环顾全球，不少开展 PPP 的国家都在积极推动信息披露相关法律法规和机制平台建设，增强主动信息披露的能力。其中，英国实施了采购[②]前信息披露政策，拉丁美洲国家公开了 PPP 合同，澳大利亚和加拿大公开了合同和项目的关键

① 陈少强，刘薇，姜楠楠. PPP 立法专题研讨会观点综述［J］. 财政科学，2016（2）.

② 本书中的“采购”根据世界银行相关报告中的“procurement”进行直译，笔者理解，此处“采购”并不同于“政府采购”之意，而重在描述 PPP 项目实施合同确立的一刻以及之后的实施过程，意在“项目实施”或“项目落地”。

信息。

在我国，PPP 信息披露又被称为“PPP 信息公开”，是中国政府债务管理、预算管理、财政风险管理、宏观预测管理的关键支持，是中国法治政府对政府透明度的要求和重要措施。近两年，PPP 在中国的实践刚刚起步，制度体系和生态都处于快速构建完善期间，信息披露作为一项重要的配套制度正在得到相关各方的关注。长期来看，实施 PPP 信息披露是提升政府信用评价水平的重要手段，也是激发社会资本合作积极性的重要保障。党的十八届四中全会提出了法治政府建设命题与政府权力清单制度的概念，从政府运行角度看，这要求政府必须提高政府透明度、加大政府信息公开并接受外部监督。同时，PPP 信息披露机制是中国 PPP 市场培育、健康发展的重要基础。从金融市场的角度看，公众对政府的信任就是对政府信用的评价，信用评价较高的政府能够获得更低成本、更大规模的市场化融资支持。例如，在 PPP 资产证券化过程中，充分披露每个基础资产抵押担保情况，需充分披露评级方法、假设、流程以及利益冲突相关信息等，使投资者需要充分了解该证券的风险特征和机构特征。①

当前，我国 PPP 信息披露已经完成了自身技术平台的基础建设和基本制度构建，进入加强 PPP 信息透明度、规范 PPP 信息披露的新阶段。自 2017 年初财政部正式发布《政府和社会资本合作（PPP）综合平台信息公开管理暂行办法》以来，我国 PPP 已经在信息公开机制方面走过了整整一年的探索之路。这一年来，PPP 信息公开工作有序、平稳推进，财政部指定“政府和社会资本合作（PPP）综合信息平台”为 PPP 官方信息披露发布平台，先后发布多批 PPP 示范项目的信息，有效推进了 PPP 市场健康、规范发展。为塑造 PPP 长效机制，加强风险防控，财政部正着力推动 PPP 进入规范、有序的发展阶段，实现从“起飞”向“平飞”转型。从 2013 ~2016 年的“夯实信息基础能力建设”到 2017 年的“用好新科技，提升透明度建设”，时任财政部副部长史耀斌指出了 PPP 信息披露机制的重要性和发展方向。财政部金融司王毅司长提出了切实加强风险防控、推动实现 PPP 持续健康发展的五件事。笔者分析，其中有三件事与信息披露高度相关：“加快建立健全 PPP 财政支出责任统计监测体系”“规范 PPP 项目公司的资本金管理，坚持穿透原则，改变高杠杆率的现状”“加大信息披露力度，做到项目信息全流程公开透明”等。笔者理解，PPP 信息披

① 财政科学研究院金融研究中心课题组赵全厚等．建立规范透明的地方政府融资机制［E］. 经济参考网，2016 年 5 月 23 日，http：//jjckb. xinhuanet. com/2016 -05/23/c_135379703. htm.

露机制对中国PPP健康发展意义重大。第一，基于建立健全PPP项目财政支出责任统计监测体系的要求，从财政承诺与财政风险出发，明确在承受能力之外的项目“不适则止”。第二，从财政监管高度，基于对项目公司资本金管理进行监管的“穿透原则”的要求，对PPP项目全生命周期进行动态监测。以世界银行与欧美发达国家PPP相关财务信息披露要求和经验看，今后针对PPP项目的财政承受能力评价、物有所值评价、财务信息披露等要求只会越来越严格。第三，PPP健康发展必须基于政府对PPP的严格监管和适度的信息透明度，而信息披露是实现此项目标的关键抓手。

2017年11月10日，财政部发布《关于规范政府和社会资本合作（PPP）综合信息平台项目库管理的通知》，再次强调了PPP信息披露的重要性，明确规定“未按规定进行信息公开”① 的已入库项目应集中予以清退。项目库的管理责任主体为财政部PPP中心，信息公开不合规的项目由该中心统一负责核查清理。2017年12月6日的李克强总理在国务院常务会议上指出②，信息公开透明是政府公平公正施政的前提和保障，该向群众公开的信息不公开，不仅滋生腐败，而且损害政府公信力。同时强调，信息公开要与信息共享相结合，今后要实行公共资源配置全程公开、全程留痕。其中，保障性住房分配、政府采购、国有产权交易、国有土地使用权和矿业权出让、工程建设项目招投标等为政府信息公开重点，由各地各部门纳入主动公开目录清单。要加快社会信用体系建设，推进政府信息共享，对骗取公共资源等违规操作者要建立“黑名单”制度。信息公开渠道方面，要推进公共资源配置领域政府信息公开的措施，地方各级政府和部门通过网站、政务微博、政务微信、客户端、新闻媒体等，及时发布公共资源配置信息，并与全国公共资源交易平台数据实时共享，做到“一网”覆盖。

可以预期的是，今后十年，我们将迎来PPP健康快速发展的黄金时期，机遇与挑战并存，应加快推进PPP信息披露的机制建设，应用监管科技完善全国PPP统一信息披露平台，加强PPP大数据、财政风险监测体系

---

① 文件第三部分第五条规定的“未按规定进行信息公开”的情形包括：违反国家有关法律法规，所公开信息与党的路线方针政策不一致或涉及国家秘密、商业秘密、个人隐私和知识产权，可能危及国家安全、公共安全、经济安全和社会稳定或损害公民、法人或其他组织合法权益的；未准确完整填写项目信息，入库之日起一年内未更新任何信息，或未及时充分披露项目实施方案、物有所值评价、财政承受能力论证、政府采购等关键信息的。相关链接：http：//www. cpppc. org/zh/bmwj/6052. jhtml.

② 国务院为何力推公共资源配置领域政府信息公开？财政部PPP中心网站，2017年12月11日，相关链接：http：//www. cpppc. org/zh/pppyw/6212. jhtml.

的研究和建设，利用信息披露的新工具，为 PPP 增效能、降成本，全面推进 PPP 公共服务供给的长效机制。

1.2 研究内容

本书基于世界银行与相关发达经济体 PPP 信息披露的成功经验，分析了 PPP 信息披露机制构建和发展中的业务框架和主要障碍，探讨了在中国加快推进 PPP 信息披露机制的重要意义，并基于中国 PPP 的信息披露机制发展现状提出了政策建议。

从 PPP 的整体运行机制看，PPP 信息披露机制是 PPP 财政承诺的必要组成部分，是政府债务管理、预算管理、财政风险管理、税收监管、宏观经济风险管理的关键支持。PPP 信息披露的意义主要在于三方面：（1）强监督，促参与。PPP 信息披露在物有所值、运作效率、防范腐败等方面能够发挥关键作用，这对于公共产品供给的效率和公平非常关键，通过信息披露既能有效提升公众参与度，又能促使公众成为有效监督 PPP 的一方。（2）降成本，增效率。PPP 项目参与方多、项目复杂性高，使得其信息不对称程度较高，从而带来了较高的沟通和交易成本，而有针对性的信息披露能够有效降低交易成本。（3）减风险，建长效。PPP 项目运行过程中面临重新谈判的可能性较大，是法律风险管理的要求，也是项目相关方对项目长效机制的要求。

1.2.1 PPP 信息披露的内涵

本书从 PPP 的内涵出发，梳理了国内外关于 PPP 不同视角和争论的基础理论，从理论上分析了政府在 PPP 中的核心主导地位和关键性作用，以及政府在 PPP 中的角色定位与责任，并以各国 PPP 专门管理部门为例说明其职能所在，进一步明确信息披露的责任主体。

PPP 信息披露的内涵主要包括信息披露的口径范围、驱动因素、用户与用途，以及障碍等。信息披露的价值主要体现沟通方面——披露的信息在政府当局促进参与主体之间的沟通发挥了关键作用，帮助政府不断完善利用 PPP 的能力，持续提升公共服务的供给质量。受到不同国家司法体系的影响，PPP 驱动因素主要有四个：一是政府反腐败的目的；二是促进私有部门积极性，增加参与度；三是增强政府公信力；四是确保物有所值。信息披露的用户十分广泛，主要包括投标方、主流媒体、公众人士、服务使用者、政府部门、投资者、实践者与咨询顾问和研究人员等。当前，信息披露面临的主要障碍包括：（1）支持主动信息披露业务框架的法律法规缺位时，具体执行的政府部门缺乏信息披露的意愿和动力；（2）相关立法对立法前已开展的 PPP 项目较难形成信息披露方面的约束力；（3）信息披露的立法要求与具体实施细则之间缺乏有效可行的内部指引和规则；以及相关配套资源和信息披露的成本等问题。

1.2.2 世界银行 PPP 信息披露框架

2015 年 8 月，世界银行发布了《PPP 信息披露框架：PPP 采购前后主动信息披露的系统指引》，该文件对于研究各国信息披露体系的建设提出了全面建议和具体指导意见，包括相关法律和政策基础、采购前后的披露范围、机密信息等，对我国完善 PPP 信息披露机制有重要借鉴意义。案例显示，PPP 采购过程中的信息披露提升了 PPP 治理的效果，PPP 中政府支出及其承担风险的信息披露降低了 PPP 的财政成本，PPP 绩效的信息披露使得用户对所获服务的满意度感知更趋合理。成功的 PPP 实践经验表明，PPP 信息披露与透明度管理，逐步成为政府 PPP 综合风险治理的得力工具，有效提升了政府利用私有部门知识、经验和融资的能力，充分调动了私营伙伴方投资的积极性，并在增强公众对项目的信心、提升项目的信用价值、实现更优物有所值、降低贪污腐败风险等方面，帮助政府为公众提供更大规模、更高质量的基本公共服务。研究表明，很多成功的 PPP 项目在采购阶段都具有较高的透明度。然而，在采购前和采购后阶段，PPP 应遵循的信息披露尚未受到足够的重视。一方面，PPP 项目在世界各地发展如火如荼；另一方面，只有很少一部分国家制定了涵盖采购前、采购期间、采购后全周期的 PPP 信息披露业务框架，用以规范和具体指导经济体内的 PPP 项目信息披露过程。世界银行对已制定 PPP 信息披露业务框架的经济体进行的研究表明，PPP 信息披露机制直接影响 PPP 合同风险的共担，其机制设计基于参与各方不同的动因，各方对所披露的信息有不同的用途和考虑。

1.2.3 PPP 信息披露的国际经验：以英国为例

英国是应用 PPP 提供公共基础设施和公共服务方面比较有代表性的国家，相关法律和制度规范方面形成了一套相对比较完善的机制。

1.2.4 PPP 项目披露信息统计

世界银行 PPI 数据库，记录了 1990 年以来世界银行在发展中国家开展的 PPP 项目的关键业务数据，其中绝大部分数据均从 PPP 项目的信息披露中获取，对于 PPP 项目情况监测、经济分析研究等有重要参考价值。PPP 信息披露的信息量通常都比较大，通过构建 PPP 统计数据库非常有助于对信息进行挖掘利用和大数据分析，有助于为国家提供 PPP 发展规划政策依据和决策参考，也有助于对 PPP 进行穿透式监管。

1.2.5 基于财政风险的 PPP 信息披露

PPP 统计系统汇总了 PPP 信息披露中的主要信息，并在此基础上得到进一步应用——财政风险识别与指标。可以说，信息披露为识别和测量 PPP 财政风险提供了大数据基础。因此，如从 PPP 财政风险出发来设计信息披露指标体系，可实现项目全生命周期的财政风险动态监测。PPP 财政风险因而一般比具体分配给项目双方的风险更大。世界银行将 PPP 项目中政府可能面临的财政风险划分为 11 类，根据每一类风险制定了评估指标，并研发了专门的评估工具 PFRAM。

本书将对 PFRAM 进行全面介绍，并认为，其中一些风险已明确分配给政府（即缔约政府当局或公共部门第三方），然而仍有一些其他潜在的隐性风险未能被识别，这些财政风险亦需进行评估，还需进一步研究。

1.2.6 中国 PPP 信息披露机制的现状与问题

PPP 信息公开，是中国 PPP 财政承诺的必要组成部分，也是中国政府债务管理、预算管理、财政风险管理、宏观预测管理的关键支持。当前，我国 PPP 信息披露已经完成了自身技术平台的基础建设和基本制度构建，进入完善 PPP 信息透明度的新阶段。为塑造 PPP 长效机制，加强风险防控，财政部正着力推动PPP进入规范、有序的发展阶段，实现从“起飞”向“平飞”转型。未来几年，中国PPP信息披露机制或将在三个方面有所突破：其一，基于财政承诺与财政风险的考虑，建立健全PPP项目财政支出责任统计监测体系的要求，明确在承受能力之外的项目“不适则止”。其二，更严格的财政监管，按“穿透原则”对PPP项目进行资金运营的全面监管。其三，PPP信息披露成为实现PPP健康发展长效机制的关键抓手。

1.3 研究思路

1.3.1 研究思路

本书的研究思路为：提出问题（第1章），分析问题与案例研究（第2、3、4章），应用实例研究（第5、6章），中国实践与发展建议（第7章）。

研究PPP信息披露，首先应正确理解PPP的内涵，在此基础上分析透明度对PPP发展的重要意义和价值，才能从根本上理解世界银行、英国等PPP信息披露的框架和机制，并从发展路径的视角进行中外PPP信息披露机制的国际比较，探寻一条适合我国国情的PPP信息披露机制发展道路。反观当前我国PPP发展中的如“明股实债”等“异化”问题，很多是由于地方政府对PPP内涵理解的不正确、不准确造成的。进而，也由于政府和市场对PPP透明度的意义和作用理解不一致、不到位，导致了对信息披露后的问题和风险认知过分夸大，进一步增大了PPP信息披露的阻力，影响了PPP健康发展。因此，笔者认为，信息披露机制，是我国推进PPP长效机制的“牛鼻子”，应充分利用信息披露所带来的统计、大数据、风险监测等工具服务于政府和人民。

1.3.2 本书框架

本书共7章，按照研究的逻辑路径分为四个部分。第1章导论是本书的第一部分，详细介绍了本书选题背景、研究内容、研究思路、研究方法；文献梳理部分则根据本书研究需要，系统介绍了信息披露在政府工具新治理理论、政府治理与透明度理论、透明度市场效应理论等三个理论领域的代表性研究成果与相关结论，为本书的后续研究提供研究基础与理论支持。

第二部分包括第 2、3、4 章，对世界银行的 PPP 信息披露内涵、信息披露机制、英国的 PFI 信息披露机制进行了实践层面的剖析，对世界银行信息披露机制进行了全面深入的介绍。这一部分的主要任务是阐明信息披露的驱动力和用户等基本问题，以及作为透明度实现的重要路径，而透明度依据各国不同的信息披露机制，在 PPP 整个生命周期中的各个阶段都有不同程度的呈现，同时存在各种障碍和挑战。

第三部分包括第 5、6 章，对世界银行的 PPP 统计数据库、财政风险评估工具等 PPP 信息披露的应用进行了系统介绍。该部分的主要任务是从保障公平和政府监管的视角探索 PPP 信息利用的途径，为 PPP 大数据和智能化监管的政策建议打下基础。

第四部分为第 7 章，按照世界银行的信息披露机制分析框架，对中国 PPP 信息披露机制进行整体对比研究，分析了中国 PPP 信息披露机制的发展现状及存在的问题，提出了关于完善我国 PPP 信息披露机制的若干政策建议。

1.4 研究方法

1.4.1 案例分析

案例研究要解决的问题是通过分析其他国家或地区政府所提供的信息披露目标、法律法规、平台等内容，为我国 PPP 信息披露机制的构建和完善提供了可借鉴的经验与可操作性强的政策建议。

1.4.2 规范研究

规范研究主要针对本书研究对象——PPP 信息披露机制的相关概念、内涵、分类、统计与财政风险监测应用等部分，以及我国国内与国外 PPP

信息披露政策与现状等。规范研究的目标为提供本书进行深入研究所需要的 PPP 信息披露相关政策背景与实施现状，以及政策经验与面临挑战等。

1.5 文献梳理

PPP 信息披露专门的理论研究文献不多见，在政府工具新治理理论、PPP 经济学、政府透明度、透明度的市场有效性等不同视角的整体研究均中有所涉及。报告对相关论点进行了梳理，分析了 PPP 信息披露的理论基础。

1.5.1 政府工具新治理理论①

在政府工具新治理理论中，信息是一种达成想要的政策的工具。除了作为最基本施政工具的政策类信息，信息工具的第二种基本类型是公共信息的收集和学习。这类信息是政府自己并未掌握所需要的信息，但要求或促使其他社会主体去收集、分享或报告这些信息，主要包括信息披露、评估、研究、报告等。信息披露政策，旨在降低消费者承担的风险，帮助其作出更明智的选择，信息选择与传递至目标受众的方法决定了披露的效果。

美国组织行为与公共政策学者珍妮特（Jenet A. Weiss，2002）认为，信息工具要成为一种有效的政策工具，其设计与施行，要求政策制定者认真完成五项任务：一是定义受众，明确希望影响的人群，分析不同类型的受众，按照受众的需求和情况完善信息政策；二是决定何种信息是有用的，使信息工具所提供的信息与目标行为息息相关，以期对目标受众有说服力，实现政策效果；三是处理信息，受众的原有经验与知识对其理解和获取新信息有重大影响，在面对新信息时不一定按照完全理性的模型所预测的那样采取行动，因此为达到信息工具的目标就需对信息进行干预和处理；四是架构信息，信息的呈现方式与组织结构显著影响着人们理解和学习信息，需根据人们可能的回应来进行信息的建构；五是根据情境拣选信

① ［美］莱斯特·M. 萨拉蒙（Lester M. Salamon）等主编，肖娜等译. 政府工具：新治理指南（The Tools of Government：A Guide to the New Governance）［M］. 北京：北京大学出版社，2016（1）. pp. 187 – 211. 原著出版时间为2002年.

息，使之适用具体环境从而产生影响力。

1.5.2 政府治理与透明度理论

PPP作为一种新的公共产品和服务供给方式，是财政的重要组成部分。从财政透明度理论看，财政是国家治理的基础和重要支柱，财政透明度是国家财政制度的重要组成部分。财政透明包括独立审计地方财政账目、对关键财政数据进行阶段性公开披露、公开隐形负债和预算外负债。在很多国家和地区，PPP相关的财政承诺、隐形负债、或有负债等情况未全部在表内体现，这时PPP的信息披露就更加重要。

同时，PPP信息披露机制是提升政府透明度、公信力的重要措施，其一个主要动力在于防止腐败和不公平竞争。在部门层面上，政府容易被建筑领域院外活动集团俘获，处于优势地位的市场机构可能力图利用其对政府的影响力来限制PPP中的社会资本方竞争；同时，如果官僚决策凌驾于当地司法和立法决策之上，企业和地方政府官员之间的人情利益交换等会削弱法规的效力，这是影响PPP的一类制度风险（Edurado Engel，Ronald D. Fisher，Alexander Galetovic，2014）①。

从法制基础方面看，PPP模式可应用的范围应对所有利益相关方和公众公开透明。从国家治理现代化角度看，国家治理现代化的核心特质在于“多元共治”，PPP的核心也在于共治，治理结构应从制度主义转向行为主义、从行政放权转向分权，从重物权控制转向重产权流动，从正面清单思路转向负面清单思维，同时，从正面清单思路转向负面清单思维，给经济主体应有的自主权、自治权。立法的根本目标就是化解不确定性，降低不确定性的程度（刘尚希，2016）。②

从财政金融监管的角度看，信息缺失直接导致监管者认知不足、不全面，而金融理论中的完全信息假设又令监管者认为“最优化”存在可能性（沈联涛，2016）。③ 当前流行的审计式监管模式，优点在于内部财务报告、治理体系、风险控制、运营流程等方面的精确，对已识别风险可采取

① Eduardo Engel，Donald D. Fischer，Alexander Galetovic等，邱立成等译．政府与社会资本合作模式（PPP）经济学基本指南（The Economics of Public - Private Partnerships：A Basic Guide）[M]．电子工业出版社，2017.1，P.10/P.54．原著出版时间为2014年．

② 陈少强，刘薇，姜楠楠．PPP立法专题研讨会观点综述［J］．财政科学，2016（2）．

③ 乔安妮等著，张晓朴译．21世纪金融监管［M］．中文版序二，中信出版集团，2016（1），P.19.

有限的管理措施，而其弱点在于缺乏前瞻性和战略性，不能及时有效进行未经识别风险的治理，即不确定性识别评估与压力测试，只见树木，不见森林。因此，良好的监管，应是分析式的、全面具有前瞻性的，监管者能够采取主动措施在问题出现或恶化之前处置风险，这就需要对被监管对象的行为信息有充分而全面的认知。[①]

从财政管理的成本角度看，PPP 信息可被利用以控制政府的公共开支。官僚体制中的政府官员个体，会利用对政府事务的垄断权力来最大限度地增加利益（Egeberg，1995），在编制预算过程中因为他们有更多接近信息的机会，也更了解服务生产的实际成本，允许私人资本等其他竞争者加入竞争的做法，会刺激官僚机关控制其生产成本以战胜竞争对手（A. Downs，1967）。[②] 加拿大学者耶斯考比认为，PPP 以一种透明的方式显示了项目整个生命周期的成本，并迫使公共部门就如何提供服务和如何支付服务作出选择，透明性的结果就是问责制：由于公共部门的官员无法隐藏各种选择所花费的成本，他们就必须证明选择的合理性（E. R. Yescombe，2007）[③]。英国 PFI 改革为 PF2 时，对相关财政管理的成本效益、服务效率、预算和支出管理等进行了全面提升，大大降低了项目运营相关的财政支出成本。

从项目合同的本质看，PPP 合同与普通民事合同并无本质区别，然而，政府承担的信息披露义务，应不同于普通民事合同中所规定的义务，应具有更为显著的强制性特征，而且其违反该项义务时，并不适用民法中的缔约过失责任、违约责任或侵权责任（鲁怡雯，2017）[④]。

从公众参与角度看，公众参与决策将有助于政府体制内的专家获得制定政策所需要的更多信息、更正确的信息。因为，无论公共部门还是私人部门，没有任何一个个体行动者能够拥有解决综合、动态、多样化问题所需要的全部知识与信息，也没有一个个体行动者有足够的知识和能力去应用所有有效的工具（Kooiman，1993）。[⑤] 提升政府透明度有助于提升公众

---

① 转引自［美］B. 盖伊·彼得斯（B. Guy Peters）著，吴爱明、夏宏图译. 政府未来的治理模式［M］. 北京：中国人民大学出版社，2014（5），pp. 40 – 52.

② 转引自［美］B. 盖伊·彼得斯（B. Guy Peters）著，吴爱明、夏宏图译. 政府未来的治理模式［M］. 北京：中国人民大学出版社，2014（5），P. 28.

③ 耶斯考比（E. R. Yescombe）著，杨欣欣译. 公共部门与私营企业合作模式：政策与融资原则［M］. 北京：中国社会科学出版社，2012（2），P. 30. 原著名称 Public – Private Partnerships：Principles of Policy and Finance，2007 年 5 月出版.

④ 鲁怡雯，PPP 项目中的政府信息披露义务研究［J］. 法学研究，2017（4）.

⑤ 转引自［美］B. 盖伊·彼得斯（B. Guy Peters）著，吴爱明、夏宏图译. 政府未来的治理模式［M］. 北京：中国人民大学出版社，2014（5），P. 59.

对政府的信任（于文轩，2013）[①]。从公民知情权角度看，法制社会依赖于相应的法律制度和程序来保证自身的合法性，公民的参与为法理型政府的统治合法性提供了坚实的基础，获得政府掌握的信息、参与进政府决策本身就是公民知情权的应有内容（张建，2015）[②]。对200个地级市的电子政务评估研究表明，公众对政府的信任与政府透明度和公共服务均为正相关关系，政府透明度越高，公众越信任政府（何玉、唐清亮，2010）[③]。

1.5.3 透明度市场效应理论[④]

PPP市场本身也一个信息市场，信息透明度因而会产生市场效应。在证券市场上，通常认为透明性是维持证券市场公开、公平、公正的基本要求，透明度对证券市场流动性、波动性和有效性三个方面的影响，随着我国PPP存量超过万亿大关，PPP市场的流动性、波动性和有效性也将受到透明度因素的影响，证券市场已有的透明度市场效应研究对PPP市场也有重要的参考意义。

1. 透明度对市场流动性的影响

信息披露制度是各国证券市场监管的核心之一。一般认为，在透明度较高的市场上，信息的披露比较充分、公平，市场的流动性较好。如缺乏信息透明度，知情交易者就能利用非知情交易者的信息劣势而从中谋取额外收益，进而，非知情交易者的入市意愿与交易冲动可能被抑制。如交易者都希望自己能够占有信息优势，必将延迟交易，等待机会去把握新交易信息，势必损害市场流动性。美国全国证券交易商协会（NASD，1983）的研究发现，纳斯达克市场即时披露交易报告后平均买卖价差略有下降。英国公平交易办公室（Office of Fair Trading，1990）的研究发现，交易报告延迟24小时后，大额订单和小额订单的价差均略有上升。贝克尔等（Becker et al.，1992）研究了透明度与市场公平和效率的关系后指出，透

---

① 于文轩．政府透明度与政治信任：基于2011年中国城市服务性政府调查的分析［J］．中国行政管理，2013（2）．

② 张建．论政府透明度研究的理论维度［J］．求是，2015（9）．

③ 何玉，唐清亮．公共服务、政府透明度与公众对政府的信任：影响机制与经验数据［J］．华东经济管理，2010（4）．

④ 本部分参考并引用了上证联合研究计划第12期课题报告《证券交易信息披露制度及其市场效应研究》主要观点，山东大学管理学院课题组张玉明等，2005年1月25日，相关链接：http://www.sse.com.cn/aboutus/research/jointresearch/c/plan20050201j.pdf.

明度增强了投资者信心，增加了市场完整性，提升了投资者参与度，从而提高了市场的流动性。井上（1999）指出，如果市场过于透明，一些大的投资者担心自己的私人信息在交易中被暴露，因而会退出市场，有损市场的流动性。同时，应注意到透明度执行的执行成本问题。

2. 透明度对市场波动性的影响

市场的透明度，也并非同时向所有利益相关者公开，通常是根据不同阶段、面向不同范围的利益相关者、给予不同程度的公开。这就意味着，即便市场有透明度要求，但永远有一些信息只掌握在部分利益相关者手中，在一个阶段或整个周期中被当作私有信息，而拥有这些信息的利益相关者，自然具备信息优势，从而相对其他不掌握信息的利益相关者存在不公平之处。随着市场透明度的增强，部分私有信息也转变为公开信息。同时，先前的非知情交易者也逐渐转变成为知情交易者，从而根据新掌握的信息量对交易价格给予更理性的评价，使得交易价格发生了变化，导致市场波动。波动性大小，取决于私有信息和公开信息的分布的不均衡程度，通常，不均衡程度越高，市场波动性越大。

值得注意的是，波动性主要源于两方面：一是推动价格变化的基本经济因素发生了变化；二是由于信息不对称，或委托暂时不平衡引发的噪声交易。因此，当对市场透明度进行顶层设计时，用于加强流动性的政策和规则，并不能完全消除波动性。无论透明度如何，市场的稳定性是充分发挥市场功能的基础。波动性较大的市场将明显不利于投资者信心的构建。同时，波动性也是市场竞争发挥有效资源配置的正常特征，是投资者收益的重要来源，有效的市场应存在一定范围的波动性，以保持投资者收益和市场健康。健康的市场，有“正常”的价格范围，也会定义“异常”价格的范围。因此，在研究市场透明度时，应根据特定的市场发展阶段、市场规模和结构，以及投资者构成等情况，关注最优稳定性问题。

3. 透明度对市场有效性的影响

美国经济学家法马（Fama，1970）定义了至今较为普遍接受的“有效市场”概念，即有效市场是指这样一个市场：投资者都利用可获得的信息力图获得更高的报酬，证券价格对新的市场信息的反应迅速而准确，证券价格完全反映全部信息，市场竞争使证券价格从一个均衡水平过渡到另一个均衡水平，与新信息相应的价格变动是相互独立的。根据法马的定义，如要建立有效的证券市场，就必须保证市场有充分的准确的信息，这就需要合理的信息透明度作为保障。通过影响信息到达市场参与者的效率和准确性，透明度影响了市场参与者对信息的反应效率和反应，并通过市场传导机制影响市场有效性。

总之，透明度的市场效应是一个复杂的问题，透明度应是“适度的”。信息透明度会影响市场流动性，但不能一味追求更高的信息透明度，而忽视了透明度的执行成本和对市场参与者行为的负面影响，需讲求透明的“度”。对于交易不活跃及竞争性不够的市场而言，噪声交易者是市场中促成交易的主要参与者，而增加交易信息揭示的内容的做法，会使维持流动性所需的噪声交易者消失，反而导致市场流动性下降。

因此，只有在一个具有足够广度和深度，竞争性较强的市场中，提高透明度才能降低价格的波动性，并提高市场的流动性。

1.5.4 文献评述

前述的理论从政府、市场、公众等不同主体研究了PPP信息透明度对于PPP长效发展的基础意义和关键作用。

政府工具新治理理论，从政府治理和组织行为学相结合的视角，研究了信息披露作为信息政策工具的重要作用，在综合考虑受众接受信息后的心理感受、行为预测与反应的基础上，进行信息披露机制的设计和构建。

政府治理与透明度理论，从反腐败、维护公平的角度研究了PPP信息披露的必要性，在政府与私人资本方的合作中强调竞争中的公平性，防范机构利用人情利益削弱法规的效力的制度风险；从法制基础的角度，研究了国家治理现代化中PPP的“多元共治”思路，以制度引导行为，以负面清单思路充分释放经济主体的自主和自治活力，从根本立法的层面降低PPP法律风险；从成本透明的角度研究了信息披露对政府选择合理性的重要作用，并以此与问责挂钩；从民事合同的角度研究了信息披露义务违约时的责任认定依据；从公民知情权角度研究了公民参与和公民信任对PPP长远发展的重要意义。

透明度的市场效应理论研究，以证券市场的相关研究为参考，研究了透明度对市场流动性、波动性和有效性的影响过程，对于PPP市场的形成和发展有重要的参考价值。

本书依据前文理论基础展开对PPP信息披露机制的研究。

1.5.5 本书的创新与不足

本书创新在于，充分考虑了PPP中政府与市场合作的本质特征，综合研究了信息披露在政府透明度理论、政府治理工具理论与证券市场效应理论中的不同功能，并引入组织行为学中以信息受众行为的视角，将PPP信息披露的政策目标定位于满足政府、市场和公众的多重需求。论文以世界银行信息披露机制框架为基础，研究了相关各国信息披露从一般框架到关键政策的内涵，从数据形成到大数据分析的路径，基于信息披露的财政风险评估框架。在此基础上，以我国“互联网+”行动思路为指导，对中国PPP信息披露机制形成的历史、法律基础、政策思路、监管要求等进行了全面对比研究，提出了利用信息披露作为重要抓手促进我国PPP发展的长效机制。

本书的不足在于实践研究欠缺。限于PPP信息披露的历史不长，实践数据和用户行为方面较为欠缺，一是未能对数据库和财政风险评估等国际经验在我国实践的适用性进行研究；二是未对信息披露相关利益方进行深入的用户问卷调研；三是偏重机制研究，未深入研究会计税收政策相关问题；四是本书部分篇幅为笔者根据原文自行翻译和理解，译文还需进一步推敲。总之，限于自身能力和数据资料，本书仍存在一些不足之处，但笔者希望此书能作为研究基础，并在今后的研究中不断完善。

第 2 章

PPP 信息披露的内涵

近 20 年来，公私合作伙伴关系在世界范围内被广泛应用于基础设施领域和部分公共服务，是一种公共部门和私营部门之间、关于公共基础设施和社会服务的合作制度安排的伙伴关系。

2.1 PPP 的内涵

2.1.1 基本概念与核心属性

PPP 较松散地定义为一种公共部门和私营部门之间关于公共基础设施和社会服务的合作制度安排和伙伴关系。在全球范围内看，PPP 经常用来指公共和私营部门之间为了达到共同目标而进行的任何形式的交往或合作，可以视为一种获取、交付新资产或现有资产升级等公共资产和公共服务的方式。它广泛适用范围在社会以及经济基础设施项目，主要用于建造和经营医院、学校、监狱、道路、桥梁和隧道、轻轨网络、空中交通管制系统以及自来水和卫生设施。据统计①，1984 ~2016 年，世界银行基础设施 PPP 项目快速发展，超过 134 个发展中国家与世界银行合作 PPP 项目超过 8700 个，占相关国家基础设施总投资额的 15% ~ 20%。

世界银行广义 PPP 定义为，假定私有代理人在长期关系下承担的重大

① 资料来源：2016 Global PPI Update ［E］. 世界银行官网.

风险和责任。该定义假设：（1）PPP 中的私营部门不一定在 PPP 中承担部分或全部的项目投资；（2）建设、维护和运营绑定在一起；（3）应建立并签订一个合同作为法律文书，涵盖双方义务和权利。因此，PPP 的目的，不仅仅包括对新的、升级的基础设施的采购，还包括围绕相关资产提供服务的采购，以及狭义的公共服务采购，如公共事业、客运运输、家庭供水，等等。

世界银行制定 PPP 指南，主要针对“使用 PPP 程序进行公共有形资产采购”的行为。公共资产作为一种固定资产（为长期使用所取得的资产）具有很强的公共属性。PPP 指南用“公共基础设施”代替了“公共资产”一词，通过广义上使用“基础设施”一词，指代“通过 PPP 购买的公共类型资产”。公共基础设施具有许多鲜明的特点，这些特点对 PPP 的概念为基础的采购方法有较大影响：（1）基础设施是指公共工程，即受公共使用或伴随提供公共服务的工程。（2）根据平等、不歧视、效率和透明度原则，一般会采用公共采购规则来采购基础设施（招标）。（3）基础设施属于固定资产。其周期很长，是长期现金流的潜在生产者，也可以长期用于公共用途或用于提供公共性服务。（4）政府通常是资产或所在地的土地/地点的最终合法拥有者。（5）基础设施可能是一个完整的系统，或者作为包含一个单元的完整系统的相关部分。

一般认为，公共基础设施主要有两种类型，经济基础设施与社会基础设施。其中，“社会基础设施”是以公务员/官员为主体或以社会服务提供为主体的设施（例如医院、学校、监狱或法院）。“社会基础设施”是容纳社会服务的基础设施（主要是建筑物设施）。例如，医院、学校和大学、监狱、社会住房、法院等。当该设施的目标是提供或保障行政单位住宿，甚至为公务员及其家庭提供住房（即在该建筑物没有公共服务）的情况下，基础设施通常称为住宿基础设施。这种在政府活动中使用的基础设施和其他资产，不一定为公众提供直接服务（例如国防），有时也被称为政府基础设施。“经济基础设施”是提供运输或公用事业服务（例如水力或电力）的平台，或可供用户和公众使用的平台，是使商业活动成为可能的基础设施，如交通和运输（乘客和货运），以及公用事业的网络，以及诸如水、废物和能源供应等相关系统和工厂①。经常使用的基础设施会进行

① 一些机关和机构在环境基础设施相关的水力、垃圾处理以及能源网络、系统、设备更新等方面使用这些术语。此外，当各自的基础设施市场对竞争开放（例如电信业），这种情况有时被称为“商业基础设施”，这个分类也被视为经济基础设施的一个子集（WEF，2010）。

定价或者说其相关的服务会向使用者收费，也有可能会出现经济运营商通过使用基础设施向终端用户/消费者提供服务的情况。许多国家对通信基础设施进行了管制，私有运营商是基础设施的最终合法拥有者。他们利用基础设施在开放和竞争的市场上提供通信服务。然而，电信系统可以被视为一些国家中公共所有且保留公共部门使用权利的基础设施，或者说政府可以通过投资[①]来促进特定地区（例如乡村）的电信网络发展。此外，从用户付费角度看，社会基础设施很重要的一个特征是，它通常不会采用用户付费模式。如个别情况下采用了用户付费方式，相关收费通常也是辅助性的或次要的（即辅助收入）。

国际上对 PPP 核心属性存在共识，主要包括：（1）是政府部门与私营机构的长期合同，基于此合同，由私营机构负责提供某项公共服务；（2）私营机构能够通过合同获取收入流，收入来源可能是使用者付费或政府预算分配，也可能是两种收入来源的组合；同时根据合同，有关服务获得和需求方面的风险，从政府部门转移至私营部门；（3）私营部门必须投资建立相关公司以进行资本运营；（4）根据情况，除了预算分配，政府部门还可能需要提供必要的资本支出，包括土地、现存资产、债务或资本融资，并有可能提供多种形式的担保，以实现与私营部门有效的风险共担；（5）合同结束时，相关资产应按照合同约定转移其所有权至政府部门一方。

2.1.2 PPP 的分类

PPP 是政府为了提供公共产品而引入私营机构参与的一种合作机制，其合作的具体模式取决于项目的条件、风险和目标。PPP 的模式分类在不同国家、地区和国际组织都有所不同，世界银行主要基于市场准入和融资模式进行分类，如下四大模式[②]：

1. 管理与租赁项目

一个私有组织机构获得在一定期限内对一个国有企业的管理权，

---

① 在某些情况下，大多数基础设施可能是由私营部门掌控。然而，政府可以保留设施部分或所有的所有权（如国际电信网关，或在电力传输网络）.

② 资料来源：世界银行 & PPIAF，Glossary of Private Infrastructure Projects，Private Participation in Infrastructure Database Expanded methodology（June 2007），http：//ppi. worldbank. org.

同时国家仍拥有投资决策权。具体包括管理合同与租赁合同两种形式。[①]

2. 棕地项目

以私营伙伴方支出为主的管理与运营合同，指一家私营机构从国有企业获得一定期限内的经营管理权。棕地项目也被称为“棕地特许项目”(brownfield concession project)，该模式主要针对已存在或部分存在的设施，以特许经营合同（concession）[②] 为主。[③] 具体模式包括：修复—运营—移交（ROT）、修复—租赁—移交（RLT）、建设—修复—运营—移交(BROT)。

3. 绿地项目

一家私营机构或公私合营机构，在特定合同期限内建设、运营一个新的设施。该设施的所有权应在合同期满后移交给公共部门。具体模式包括：建设—租赁—移交（BLT）、建设—运营—移交（BOT）、建设—所有—运营（BOO）、市场化、租用等五类。

4. 资产剥离项目

私营机构通过参与资产拍卖、公开发行或规模私有化项目等方式，获得国有机构的资产。具体模式包括：(1）全部资产剥离；政府将该项资产所属在国有公司的全部 100% 部分转移给私营机构（运营机构、机构投资者等)。(2）部分资产剥离：政府将该项资产所属在国有公司的一部分转移给私营机构（运营机构、机构投资者等)。购买此项资产的私营机构不一定拥有资产的管理权。

---

① （1）管理合同。指政府支付给私有运营方费用，用于管理特定公共设施，此模式的运营风险在政府一方；(2）租赁合同。政府将资产有偿租赁给私有运营方。此模式下运营风险在私有运营机构一方.

② 世界银行将特许经营归为 PPP 的一个子分类，主要适用于自身有固定收入流的“使用者付费”且已存在的项目，即“棕地项目”.

③ 在统计上“棕地项目”“特许经营”“棕地特许项目”三个词在世界银行的很多文章中可以等同使用.

2.2 PPP信息披露的目的、障碍与实施部门

2.2.1 PPP信息披露的目的

PPP信息披露受到不同国家司法体系的影响，其目的在各国表现因而有所不同，综合看核心因素主要有四个：一是政府反腐败；二是促进私有部门积极性，增加参与度；三是增强政府公信力；四是确保物有所值(VFM)[①]，如图2-1所示。

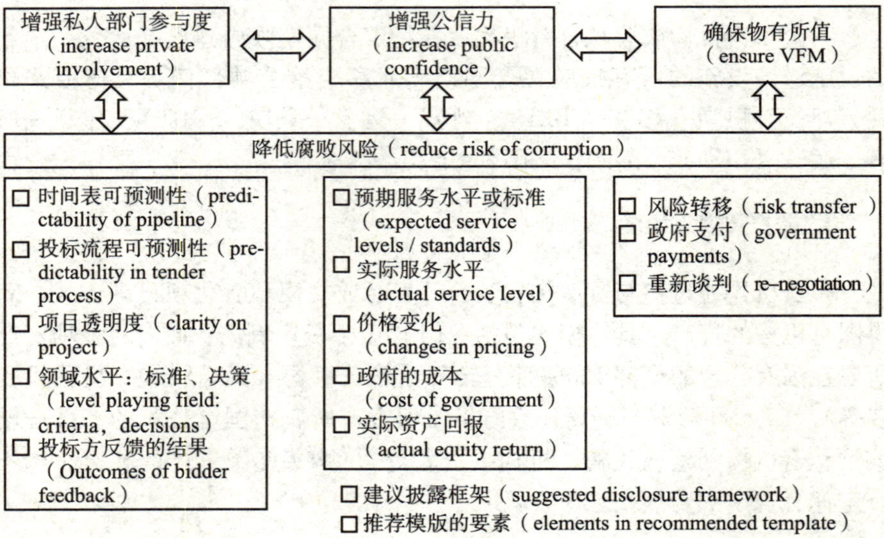

图2-1 基于信息披露目标与驱动的框架建议

资料来源：A Framework for Disclosure in Public - Private Partnerships：Technical Guidance for Systematic，Proactive Pre - & Post - Procurement Disclosure of Information in Public - Private Partnership Programs，P. 13，World Bank Group，2015. 8.

---

① A Framework for Disclosure in Public - Private Partnerships：Technical Guidance for Systematic，Proactive Pre - & Post - Procurement Disclosure of Information in Public - Private Partnership Programs，pp. 15 - 17，World Bank Group，2015. 8.

2.2.2　PPP 披露信息的用户与用途

PPP 的复杂性使它面临同样较为复杂的用户群体，以及复杂的信息需求。不同用户有不同的信息需求，信息本身也可以被利用挖掘出更多的价值，然而，信息披露更大的价值体现沟通方面——披露的信息在政府当局促进股东之间发挥了关键的沟通作用，帮助政府不断完善利用 PPP 的能力，持续提升公共服务的供给质量。一般而言，PPP 披露信息的用户与应用场景主要包括以下方面。

1. 私营企业

私营企业中的投标方是披露信息主要的用户群体之一，采购前后的披露的信息对投标方都非常有用。例如，加拿大 BC 的交通合作伙伴网站在特定的采购日期会访问量激增，主要原因就是潜在投标方对项目的兴趣所致。此外，那些希望推进未经审批提案的相关机构，希望遵守流程和标准的要求的同时，对进行中的项目以及政府规划中的潜在项目有更深入的理解。

私营企业通常都用到了反馈给政府部门的物有所值报告，通过对报告中方案的比较和风险分担进行分析，来了解已顺利通过投标的要求，研判政府规划中的潜在项目方向。

2. 交易媒体

交易媒体也是 PPP 信息披露文件的重要用户。交易媒体是项目对外推广的优良渠道，将项目的采购和融资到位等情况以通告或新闻等方式及时广而告之。其中一些刊物还将项目季报、年报、项目简况等关键文件在其关键时点发布，如 Infrastructure Journal，InfraNews，Infrastructure Investor 等媒体。

3. 主流媒体

相对于交易媒体主要关注项目投资，主流媒体更关注的是服务、社会问题、财政问题、私人投资、财务问题、土地、环境等项目总体情况，还包括重新安置及其实施流程等。

4. 公众人士

公众人士，即一部分个人，通常是（地方）政府代表、公民社会组织代表等，也很关心 PPP 合同与数据，尤其是某些特定领域的基础设施服务受到居民福利组织（其中水务和电力行业居多）的关心。

5. 服务使用者

服务使用者虽然通常被视作“公众人士”的一部分，但它更聚焦于项目信息如何对他们产生直接影响，因此对服务标准及其实际效果是其关心的重点。

6. 政府部门

一旦项目进入完成采购并开始实施，政府部门，尤其是监管部门，如财政部，就会非常依赖于项目的主动信息披露，并依据有关信息进行监管目的的监测和报告。披露的信息有助于优化公共支出、完善政策。相关地方和省级政府官员的工作内容是大量新的同类项目，他们推进和采购 PPP 项目时，需要来自国家 PPP 专门管理部门及缔约方披露的信息披露作为重要参考。

7. 投资者

项目披露的信息对投资者们非常重要，他们基于这些信息进行项目评估、推荐和投资决策。

8. 实践者与咨询顾问

在采购和实施项目过程中，项目的实践者与咨询顾问会专门参考借鉴之前同类或类似项目的信息披露文件。此举也有助于完善 PPP 的合同标准化和风险分担。

9. 研究人员

研究人员经常性访问 PPP 信息、合同和绩效报告，并对此开展分析和研究，发表相关研究报告和文章等。

2.2.3 PPP 信息披露的障碍

虽然政府、私有部门和公众都对 PPP 信息披露有所期待，但是在实践中，却依然面临多重障碍，从法律基础到业务框架，从观念统一到规则统一，各个层面都存在不少问题，直接或间接影响了对 PPP 实施有效的信息披露。

1. 支持主动信息披露业务框架的法律法规缺位时，具体执行的政府部门缺乏信息披露的意愿和动力

由于涉及多个层次的法律法规，PPP 信息披露的执行和监管相关要求应自上而下地保持一致贯通。然而，由于公私合作本身主体之间的信息不对称，双方对相关信息披露之后的影响认识也有所不同，相关政府部门对 PPP 中部分决策暴露给公众监督还存在疑虑和担忧。

2. 相关法律对立法前已开展的 PPP 项目较难形成信息披露方面的约束力

对于已颁布实施《信息自由法》的国家，虽然法案在理论上可行，但由于司法体系一般有“法不溯及既往”的基本法治原则，法案对其实施之前的 PPP 项目的信息披露效力尚存疑问。同时，很多 PPP 项目都有保密条款，直接约束政府和私有部门对信息公开的程度。经验表明，在《信息自由法》颁布时已存在的 PPP 项目，信息披露前政府和私有部门之间须对披露的内容共同商议并进行谈判。例如，在澳大利亚维多利亚州，为实现信息披露，政府和私有部门之间进行专门谈判，讨论了多种情况下信息披露的程度。在英国，政府决定对 2011 年 1 月之前签署的 PPP 合同不作信息披露要求。

3. 信息披露的立法要求与具体实施细则之间缺乏有效可行的内部指引和规则

由于缺乏有效的内部指引，除了“统一执行难”之外，还存在“统一理解难”的问题。政府内部不同部门之间，对信息披露的具体要求可能存在不确定或模糊不清的理解，这一问题在完成采购后的 PPP 项目中尤为突出。例如，肯尼亚 PPP 项目负责人认为，PPP 监管部门的网站应公布与相关立法要求一致的 PPP 信息披露指引文件、相关业务模板等，这些文件应有效、便捷且易用，对信息披露的责任进行具体界定。目前，肯尼亚政府已获得世界银行关于财政承诺、或有负债等方面信息披露的技术支持。

4. 配套资源性相关问题

除了以上三个与立法和实施相关的重要问题之外，其他相关配套体系中的资源，也可能存在阻碍 PPP 信息披露的问题。一是相关政府信息的可获得性和准确性不足，如数据格式为 pdf 格式、发布延迟、数据更新的提示和说明不足等，这也是 PPP 信息披露中存在的关键问题之一；二是信息披露执行中的实践和成本问题，私有部门在项目中持续不断产生大量需要披露的数据，而政府部门负责相关信息披露的人手和预算不一定达到承担相关工作量的要求；三是项目运作中缺乏关于信息披露的绩效或监测的报告，政府依赖于从特殊目的公司（SPV）中获得应披露的信息，相关政策的效力较弱或政策缺位。

5. 信息披露的成本问题

信息披露不仅有成本，而且其成本贯穿整个项目过程，成本的相关方是政府负责信息披露部门与需要进行信息披露的 PPP 私营伙伴方。在“互联网+”的背景下，信息披露的成本主要来源有两个主要方面：各方沟通的成本和数据化的成本。

一方面，PPP 模式的复杂性使得身处其中的各方需要在信息确认、合规审查等方面更漫长而复杂的沟通过程，从而增加了潜在的信息披露成本。沟通成本随着 PPP 法律法规以及信息披露政策制度完善将不断下降，也会随着信息披露平台新技术的采用而进一步提升效率。

另一方面，在 PPP 信息披露机制中，数据尤其关键，PPP 项目健康良性发展需要数据从生成到管理的标准化，进而实现 PPP 大数据的利用。对于数据化，简单的做法是将合同和持续绩效报告等相关文件等大量内容的线下文件的扫描件、电子版发布在线上披露，更进一步，需要对 PPP 披露信息进行信息化、数据化，在此基础上建立数据库和云计算中心，建立实时动态的 PPP 大数据中心，进行大数据价值挖掘和利用，对风险进行监测和预警，对政策效果进行分析和预测，服务于 PPP 关键决策、财政监管以及政策制定。

2.2.4 信息披露的实施机构：PPP 专门管理部门

PPP 专门管理部门，一般由财政部依法指定并许可行使 PPP 项目的部分财政监督职能，是信息披露中关键的实施和监督机构。

PPP 部门机构职能主要包括：

（1）控制和监督 PPP 进程：保证采取正确的 PPP 发展步骤，以至于所需的分析表明，该项目符合评价标准，并已获得所有所需的批准。

在一些欧洲国家，PPP部门可能也会批准主体。如克罗地亚的PPP部门可以审批项目可行性以及所有的合同再谈判问题。法国的PPP部门可审批项目的可行性以及所有的最终合同。

（2）PPP业务框架开发：PPP框架的演进（但不是创建）的管理，包括开发和保持流程指南的更新。

（3）与政府一起推进PPP：例如，保留实施机构，以备实施规模更大的最新PPP项目。

（4）建议和支持机构实施PPP：发挥处于PPP参与众多机构与项目中的优势，为相关机构提供经验和特定技术。

（5）PPP知识中心：收集和传播PPP的知识和信息，确保相关知识在采购部门与公共社会当中得到共享。

（6）为投资者提供沟通渠道：帮助投标人和金融从业者建立沟通渠道和机制，确保投资者了解方案的相关背景和情况。

（7）融资结束之后的监控和支持：协助政府进行合同管理，确保将关键信息传达给需要了解PPP风险状况变化的相关中央政府部门，并对项目的不确定债务实施监测。

各国PPP管理专门机构的发展、PPP部门的部门定位在不同国家比较多样化。有的设置于当前政府部门中，有的处于财政部这种中央机构当中，有的设在国家金融机构或国家开发银行中，有的设置在规划部或总理办公室内。也有的国家有多个PPP部门可以共存，其中每个PPP部门有不同的职能和责任范围。

PPP专门管理机构的构建应体现其功能。例如，侧重于管制和控制PPP进程的单位一般应设在财政部或规划机构。如PPP管理专门机构承担多种职能，内部职能间可能存在潜在的利益冲突，应设计相关风险管理机制以避免内部利益冲突。如果由一个部门承担PPP的指导、建议和审批职责，则必须确保其要有内部防火墙，因为它涉及其他参与认证的实体，或者说它可以进行审计或其他监管机构的额外审查。

随着PPP实施方案的发展成熟，PPP部门的作用也会跟着发生改变。在一个计划开始时，PPP部门可能会执行多个角色，但随着时间的推移，它可能会朝着监管和监督的方向发展。以英国为例，英国财政部专责小组（TTF）成立于1997年，是英国财政部为私人融资计划（PFI）推出的中央协调单位，其目的是帮助公共部门提高PPP的交付情况。TTF对英国

PFI 的采购流程进行规范化，并培训相应工作人员。TTF 项目部承担 PFI 日常实施职责。2000 年，TTF 演变为英国的合作伙伴关系（PUK），49% 的公众和私营实体控制了 51% 的 PFI 方案的进一步开发和交付，包括各部门已签订的合同 750 个（包括卫生、教育、住房、监狱、运输和垃圾管理等方面）。2009 年，财政部建立了英国基础设施（IUK）部门，整合了 PUK 方案以及项目的交付职能、财政部基础设施基金部门（TIFU）的贷款职能，以及财政部 PPP 政策团队的政策开发职能。同时，IUK 建议英国政府在长期基础设施 PPP 方案中提供商业专业知识，以支持其主要项目和方案，对贯穿各领域的问题进行识别和处理。目前，IUK 已成为英国政府中长期期规划、开发优先次序及基础设施交付中的首要战略资源部门，涉及行业涵盖社会基础设施、能源、废物、水、电信和运输等。可以说，IUK 不仅仅只是一个 PPP 部门，同时也是英国的基础设施服务部门。

各国 PPP 部门的设置，其综合功能表现，以及其设计、历史以及设置环境等内容有一些共同点，也存在差异。①

1. 归属于金融或财政部的 PPP 部门

在英国，财政特别行动组（100% 的公共 PPP 政策部门），英国合作伙伴部门（51% 私营、49% 公共 PPP 交付部门），以及英国基础设施部门（100% 公共基础设施政策、规划以及交付部门）都是成功建立英国 PPP 方案的必要部门。

澳大利亚维多利亚州以及新南威尔士州的 PPP 部门，附属于国家金融和财政部门。

在南非，PPP 部门在 2014 年从财政部预算办公室迁至财政部政府技术咨询中心。这表明焦点已经从 PPP 项目的开发过程控制，以及导致 PPP 财务风险的不确定政府债务，转移到了顾问以及项目管理支持方面，特别是在 PPP 有关资金和管理可用性研究方面。同时，根据《南非国家财政部 PPP 部门市政服务交付和 PPP 指南（2007）》，该部门对 PPP 的发展过程管理以及预算部门遗留的不确定债务防范负有相应责任。

2009 年，新西兰在财政部设立了一个单位，将其命名为国家基础设施部门，以确认其在促进基础设施更有效投资方面的作用。其重点是因此促进基础设施投资的最佳选择，而不仅仅是在 PPP 方面。

① PPP Unit Examples，The APMG Public – Private Partnership（PPP）Certification Guide，by ADB，EBRD，IDB，IsDB，MIF，PPIAF and WBG 2016.

2. 投资促进机构承担 PPP 部门职能

哥伦比亚在国家规划部设立了一个 PPP 部门。该部门负责发展和实施 PPP 相关政策并协调 PPP 采购过程以及项目交易，例如事务管理顾问。哥伦比亚也有两个其他的 PPP 部门，其中一个位于财政部，负责 PPP 项目的财政方面问题；另一个部门在交通部，其负责 PPP 相关高速及道路项目。①

乌拉圭 18786 号法案（2011），CND——一个州属投资促进机构，此法案在许多方面都会作为一个 PPP 部门。其有助于组织项目、提供建议和为执行机构提供指导材料。采购部门和 CND 有时会同意 CND 实施 PPP 项目。财政部有一个单独 PPP 部门来核准项目的财务和预算，并监测 PPP 的执行情况。PPP 部门还负责审批在执行过程中所有的合同调整。②

秘鲁指定由投资促进局承担选择 PPP 方式的职责，并负责设计和起草合同。如项目需要财政补贴，则须由财政部批准。③

2004 年，巴西圣保罗州（São Paulo）建立用以帮助开发以及构建 PPP 的投资促进机构 CPP。CPP 还负责管理向 PPP 项目提供担保的信托基金。④

3. 发展银行承担 PPP 部门职能

牙买加国家投资银行及其继任者牙买加发展银行，长期以来一直是牙买加政府的私有化与 PPP 部门。牙买加政府于 2011 年创建新的 PPP 框架，其中财政部发挥了关键作用，但保留了发展银行作为引领 PPP 的机构。⑤

波多黎各通过的 PPP 法（2009）中，在其发展银行中创建了一个有效的 PPP 部门。

墨西哥基础设施基金（FONADIN）与墨西哥、巴拿马等国的国有发展银行，在一些 PPP 中发挥了类 PPP 部门的职能，FONADIN 的运营规则将职责分配给各部门进行 PPP 开发和审批。⑥

---

① 参见《哥伦比亚国会（2011）1508 法案》.

② 参见《乌拉圭议会（2011）18786 号法案》，第 9～13、23、38 条.

③ 参见《秘鲁总统（2008）第 1012 号立法令》，第 9 条.

④ 参见圣保罗州立法议会《巴西（2004）11688 号法令》（“PPP 法”）第 12～18 条.

⑤ 参见《牙买加政府（2011）牙买加政府关于政府资产私有化的政策框架和程序手册草案》.

⑥ 参见 BANOBRAS（2000）FONADIN Reglas de Operacion，标题 1 第 4 章条例 5.13、标题 2 第 2 章条例 8.6、标题 3 第 4 章条例 18、标题 7 第 1～4 章条例 37～56 等.

4. 首相办公室承担PPP部门职能

孟加拉PPP办公室设立在总理办公室下，作为一个独立的自治办公室。其目的是支持各部门部委根据国际标准促进PPP项目的确认、发展和招标工作。除了作为PPP部门外，该部门还负责财政部内部控制相关PPP项目的财政责任和可持续性分析。[①]

马来西亚的PPP部门是在2009年4月在首相府设立的。该部门是负责规划、评价、协调、谈判和监测PPP项目执行情况的中央机构。该股还负责管理和评估需要辅助基金的项目，特别是有关为刺激私营部门投资和桥接具有战略影响的项目的可行性缺口而设立。

各国的PPP部门运行经验表明，结构良好的PPP部门在许多国家都运作良好，PPP部门的职能设计对于PPP项目和项目管理发挥着关键作用。科学合理的职能能有效促进PPP的发展，而其如果存在定位不明确、评估资源不足、主管部门职责分配不明确等问题时，也可能导致建立PPP框架和交付PPP方案的延迟，从而带来风险和隐患。

① 参见Bangladesh公私合作伙伴关系办公室，http：//www. pppo. gov. bd.

第 3 章

世界银行 PPP 信息披露框架

2015 年 8 月，世界银行发布《PPP 信息披露框架：PPP 采购前后主动信息披露的系统指引》[①]。该文件对于研究各国信息披露体系的建设提出了全面建议和具体指导意见，包括相关法律和政策基础、采购前后的披露范围、机密信息等，对我国完善 PPP 信息披露机制有重要借鉴意义。

3.1 世界银行 PPP 信息披露框架的总体思路

世界银行 PPP 信息披露框架的总体思路，建立在对信息披露目标、驱动因素、必要性与挑战、政府支持种类、政府财政风险及其敞口等一系列主题的深刻理解基础之上。主动 PPP 信息披露，与其他主动披露政策一样，包含几个必要部分，如什么应该被披露、以什么方式披露、什么不该被披露、披露的责任是怎样的等。然而，PPP 项目存在的环境具有特殊性和敏感性特征，加之复杂的合同结构、较长的合同期限、私营合作方的“公共”服务条款、基于绩效/产出的支付机制，以及多样的股东结构等因素，都使得 PPP 信息披露政策需要一个在细节层面更加普遍适用的信息披露机制。根据世界银行研究，制定信息披露框架，有两个基础问题非常关键。

一是在法律基础方面，应有一项能强制要求主动披露的法律或法规政

① A Framework for Disclosure in Public - Private Partnerships: Technical Guidance for Systematic, Proactive Pre - & Post - Procurement Disclosure of Information in Public - Private Partnership Programs, World Bank Group, 2015. 8.

策，如《信息自由法》、PPP、PFM、预算透明度及其他相关法律，同时配套相关的指引，增强其适用性与可操作性。当主动信息披露基于立法时，无论是PPP专门法律本身或其作为《信息自由法》的一部分，都为信息披露提供了更好的实施环境。应根据法律基础变化调整，如没有立法层面的基础，就应有相关的政策和指引推动强制信息披露。

二是在构建全面框架过程中，信息披露应有其逻辑性和连贯性。信息披露是包含多个层次、自上而下的体系，从相关法律法规、政策指引，具体到合同条款和模版，披露信息的内容和范围，应对影响PPP较大的问题有所侧重（见表3－1），均应与披露的驱动因素、信息数据的用途相匹配。此外，相关的供应端技术（supply-side technology）和资源问题（resource issues），虽然并不构成信息披露框架的组成部分，但其对信息披露的及时性和质量影响较大，同样不容忽视。

表3－1　　　　PPP项目合同信息披露的关键问题①

信息披露框架组成部分	信息披露内容	信息披露关键问题
立法与政策（legislation and policy）	• 国家和地方层级的法律法规和政策	• 主动信息披露 • 信息披露范围 • 保密信息的概念 • 信息披露时间线
指引（guidance）	• 政府内部组织结构与流程	• 披露要素和时间要求 • 相关角色和职责 • 失败判断阈值 • 监测机制 • 信息有效性：内部、外部 • 行动检查清单
保密条款（confidentiality）	不应被披露的信息包括： • 商业敏感信息 • 可能有损政府谈判立场的信息	• 司法或政策保护措施 • 法律或政策解释 • 识别商业机密的指引 • 相关工作人员的工作标准要求 • 与保密性相关的时间表

① Key Issues in Contract Information Disclosure in PPP Projects, pp. 25－26, A Framework for Disclosure in Public－Private Partnerships: Technical Guidance for Systematic, Proactive Pre－& Post－Procurement Disclosure of Information in Public－Private Partnership Programs, World Bank Group, 2015. 8.

续表

信息披露框架组成部分	信息披露内容	信息披露关键问题
模版（templates）	• 与帮助工作人员准备主动披露信息的模版 • 影响信息展示与效率的披露模版 • 模版可获得性（即便于获取、下载等）	• 包含所有采购前、采购后信息的关键要素 • 动态性：包含持续的财务与绩效信息披露及其他动态变化信息 • 灵活性：适用于PPP不同行业
技术（technology）	• 用于信息披露实施的技术平台 • 针对PPP合同文件大且需长期保存、定期查询等需求的技术能力	• 单一或分散的（disaggregated）数据平台 • 易用的上传下载功能 • 可承受一定的用户集中访问压力 • 系统安全保障严格的数据接入、处理与管理
资源（resources）	• 可支持服务的经验与预算资源，包括维护与生机	• 有经验的工作人员，可处理信息分解、上传和更新 • 用于一次性平台建设投入与后续维护升级的预算

总之，构建PPP信息披露框架，实际上是制定了一套收集和汇总信息的机制。在此基础上，监管部门可通过该机制与数据技术的应用结合，实现PPP数据的统计报告、指标监测、风险防控，以及政策实施与绩效评价等一系列目标。

3.2 世界银行关于PPP信息披露框架的建议

鉴于信息披露机制的构建较为复杂，世界银行在研究了多个已实践PPP信息披露的国家和地区后，总结了9个主要的方面，初步形成了PPP信息披露业务框架的建议①：

3.2.1 法律与政策

立法和政策方面对信息披露的要求应至少有三个方面：首先，信息披露应覆盖所有公共机构的一般合同，包括持续的绩效信息；其次，应赋权

① 注：九个方面的总结并不固定，在世界银行的不同文件中存在不同表述，不同的重点突出，本书引用之处的表述为“推荐信息披露概览”（snapshot of recommended disclosure）。

于公共主体（即相关信息披露的实施机构），使其能通过公共（信息披露）平台主动发布信息；最后是包含 PPP 相关不应披露的领域的说明（如商业敏感信息、交易机密、战略与公共利益等相关保密信息等）。

PPP 信息披露框架的构成，或制度体系，按照不同的效力层级分为五层（见图 3－1）：第一层为法律与政策①，是制度体系中的最高层，指中央政府和地方政府的法律法规，如《信息自由法》、PPP 专门法、公共财政预算（PFM），以及 BT 等 PPP 相关立法，内容应包括主动性信息披露的责任、合同的适用性、采购前后信息披露要求、保密信息的定义、信息披露相关负责机构等。第二层为 PPP 信息披露指引，包括信息披露的内容、时间表要求、信息披露程序与相关机构及其职责分配、信息披露有效性等。第三层为保密信息指引，包括战略和安全关键因素、公共利益、商业敏感性、政府谈判立场以及保密信息时效性等内容。第四层为标准文本，包含项目合同、标准参考文本等。第五层为标准模板，包括简明扼要的业务模版和财务测算表格等。

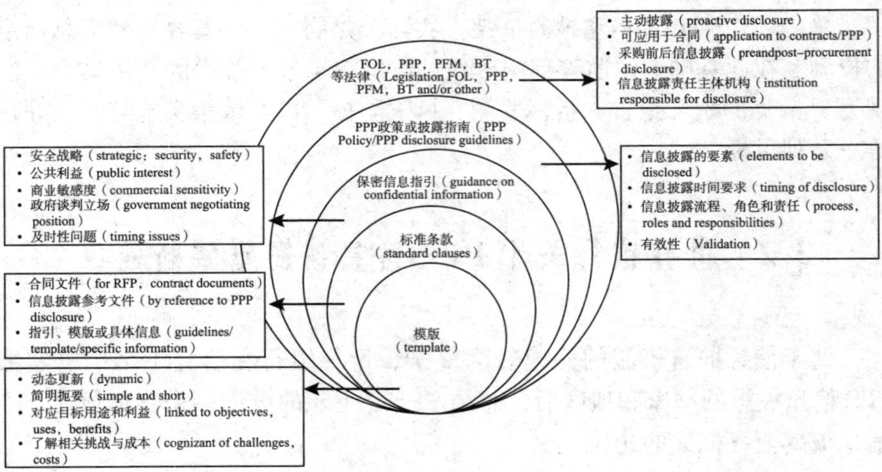

图 3－1　PPP 信息披露框架的构成②

---

① 注：在世界银行不同的文件中，甚至同一文件中，均出现了“政策”被划分到不同层面的情况，有时被划分到法律层面，有时被划分到指引层面，导致读者在原文理解方面的冲突。笔者理解，这两种情况均可能发生，主要取决于一国的特定政策实际发挥的功能是“法律”还是“指引”。因此，如无特殊说明，本书就将“政策”与“法律”划分到第一层，然而，如为引用图表，本着忠实原文的精神，根据图表原文进行阐释。如图 3－1 所示，“政策”被划分至“指引”层面。特此说明.

② Elements of A PPP Disclosure Framework，P. 25，A Framework for Disclosure in Public－Private Partnerships：Technical Guidance for Systematic，Proactive Pre－& Post－Procurement Disclosure of Information in Public－Private Partnership Programs，World Bank Group，2015. 8.

对一些国家和地区的经验研究表明，法律基础是信息披露能够有效实施的重要保障。例如《信息自由法》、公共财政预算（PFM）、PPP专门立法、透明预算等相关法律的立法，直接影响PPP信息披露实施的成本、效率和效果。其中，信息自由法和PPP专门立法通常包含强制性PPP信息披露的相关条款（见表3-2）。

表3-2　**PPP立法与透明度文件**①

国家（地区）	主要PPP立法或政策	透明度要求
加拿大BC省	《2004年PPP采购相关信息披露》（2012年修订）	《积极信息披露指引》
智利	《1991年公共工程特许法》（2010年修订）	《信息披露公布合同》
哥伦比亚	《2012年1508法案》	无具体透明度要求文件
洪都拉斯	《2010年PPP促进法》	除特殊例外，项目信息为商业机密
印度	《2012年PPP政策》（草案）	出版要求
印度卡纳塔克邦	《2007年卡纳塔克邦基础设施政策》（2013年修订草案）	模型文件使用建议、在线采购等相关要求
肯尼亚	《2013年PPP法案》	《项目信息披露》
巴西 米纳斯吉拉斯州	《2003年PPP法》	无具体文件
澳大利亚新南威尔士州	《2006年新南威尔士州PPP指引》（2012年修订）	有信息披露、总结等
菲律宾	《1994年BOT法律实施规则》（2012年修订）	中介机构公布（信息）要求
南非	《1999年公共管理法案》	优化公共财政管理的措施
英国	《1999年PFI合同标准》（2012年修订）	对合同有明确的信息披露与透明度度标准文本
澳大利亚维多利亚州	《2009年维多利亚州PPP要求》（2013年修订）	针对过程与结果的透明度与信息披露承诺

① PPP legislation and Transparency Elements, P. 27, A Framework for Disclosure in Public - Private Partnerships: Technical Guidance for Systematic, Proactive Pre - & Post - Procurement Disclosure of Information in Public - Private Partnership Programs, World Bank Group, 2015. 8.

从政策实施效果来看，实施信息自由法（FOI）的国家或地区明显比未实施地的 PPP 信息披露做得更好。此外，由于存在对大量基础设施的迫切需求，新兴国家的相关法案推进速度也在明显加快。同时，公共财政预算、透明预算等法案虽然不专门提及 PPP 的信息披露，实际上按照公共财政关于政府财政承诺、预算支出的相关要求，所有的 PPP 项目也必须进行信息披露。

法律与政策，是 PPP 信息披露的基石，从立法层面主要解决两个问题：分别是主动披露与披露范围。对于具体需要披露的合同细节和信息，一般通过第二层级——司法或政策解释、业务指引实现。以英国为例，虽然对信息披露始终存在争议，但是自从 2000 年实施《信息自由法》以后，英国 PPP 信息披露的改革也逐步在其影响下得到推进。与此同时，更趋严格的审计和公众压力，都催生了英国政府出台更详细的司法解释细则和政府指引——2010 年信息披露政策以及近年实施的 PF2 信息披露要求。英国政府强制要求披露的项目关键部分主要包括：（1）基础设施与建设时间表；（2）进行中的 PFI 与即将进行的 PF2 项目信息；（3）合同全文披露（豁免信息除外）；（4）所有涉及政府持有资产的项目与财务信息[①]；（5）资产回报信息的实际发生额与预测值；（6）商业案例审批链（approval tracker）。

3.2.2 详细的业务指引

业务指引是仅次于政府法律法规的制度，是指政府内部用于支持立法条款或政策进行司法解释并提供具体性业务流程说明。信息披露的业务指引内容，主要包括：揭示合同的合法性应用，解释项目信息、信息披露时点和详细内容、信息披露的地点、信息披露相关各方的职责、失败阈值设定、机制监测、失败的后果处置、内部和外部信息的有效性以及相关活动的检查单、业务模板等。

3.2.3 采购前信息披露

一般而言，从信息披露的角度看，PPP 项目可分为三个主要工作

① 此处原文为“Full project and financial information where government has equity”，其中“has”本书理解为“持有”，而非“所有”。A Framework for Disclosure in Public – Private Partnerships：Technical Guidance for Systematic，Proactive Pre – & Post – Procurement Disclosure of Information in Public – Private Partnership Programs，World Bank Group，2015. 8.

阶段：采购前、采购后、评估期。采购前信息披露的内容，主要是项目工作日程、项目可行性分析报告、相关物有所值（VFM）可行性分析报告和风险报告等。采购前信息披露主要关注三方面：一是私有投资者关注的日程和流程应清晰透明；二是财政政策的潜在影响力评估；三是无论是否存在竞争性流程，信息披露的目标应是更加降低PPP的成本。

虽然很多国家都有采购前信息披露要求，但要求披露的程度各不相同（见表3-3）。在调研的国家和地区中，其中最高的披露要求是公布招标全文，很少有国家要求发布时间表信息或可行性报告、招标评估报告。加拿大BC省出台相关指引，对信息披露时点和具体要素内容提出了具体要求，指引还要求披露专家报告，但出于可能损害项目的谈判历程的考虑，指引不要求公布合同草案。合同草案没有公布的缘由，是可能会损害未来项目的谈判地位。其实，这个逻辑也不一定成立，因为最终的合同文件还是要求在网上公布。

表3-3　　部分国家的PPP采购前披露要求①

国家（地区）	采购计划	招标文件	投标评估
加拿大BC省	主管部长审批发布重大资本项目计划	资质证明（RFQ）和投标建议书（RFP）②	资质审核通过的投标方；融资结束时公布项目物有所值报告
智利	无要求	招标文件	无要求
哥伦比亚	在SECOP③发布	在SECOP发布	在SECOP发布

① Pre-Procurement Disclosure Requirements in PPP Projects Across countries, P.31, A Framework for Disclosure in Public-Private Partnerships: Technical Guidance for Systematic, Proactive Pre-& Post-Procurement Disclosure of Information in Public-Private Partnership Programs, World Bank Group, 2015.8.

② RFQ和RFP：RFQ英文全称Request for Qualificaton，资质文件；RFP，英文全称Request for Proposal，投标建议书.

③ 哥伦比亚公共采购电子系统网站（SECOP，sistema electrónico para la contratación pública）。根据哥伦比亚法律，公共项目采购前，公共部门应在提前一段时间在哥伦比亚公共采购电子系统网站上公布项目标书草案，邀请有关兴趣方对项目进行研究：对于公开招标项目和技术含量要求较高的优势对比项目，应在计划招标日期前至少10天予以公布；对于简化程序选择项目和技术含量要求较低的优势竞争项目，至少应在计划招标日期前5天予以公布（如SECOP网站出现故障，相关公共部门亦需根据具体情况将公开招标通知在全国、全省或全市广泛发行的日报上登出，或在其他具有同等流通规模的媒体登出，并告知在何地可免费查阅标书草稿和最终标书）。资料来源：《哥伦比亚公共项目采购制度调研》，商务部官网，相关链接http：//www.mofcom.gov.cn/aarticle/i/dxfw/nbgz/201205/20120508149976.html.

续表

国家（地区）	采购计划	招标文件	投标评估
洪都拉斯	无要求	招标文件	无要求
印度	无要求	详细披露资质证明（RFQ）和投标建议书（RFP）	部分州披露投标方和决策者信息
印度 Karnataka 邦	无要求	招标公告	无要求
肯尼亚	发布国家优先支持的 PPP 项目名单	资质证明（RFQ）和项目效益	无要求
巴西 Minas Gerais 市	投标前的公共咨询过程	投标过程的持续信息	无要求
澳大利亚新南威尔士州	通过采购代理机构在 e－Tendering 网站公布 PPP 采购信息，在澳大利亚基础设施网站公布潜在 PPP 项目信息	通过采购代理机构在 e－Tendering 网站发布招标文件	发布公共利益评估综述
菲律宾	代理机构和地方政府部门在 PPP 中心网站和国家报纸上，至少每 6 个月发布一次优先项目名单	连续三周，每周一次通过地方和国家报纸上发布招标文件	无要求
南非	无要求	通过 Gazette 政府的机构网站和新闻发布会公布资质证明（RFQ）	无要求
英国	通过采购代理机构在 Contract Finder 网站披露 "tentative notice"（招标意向公告）	通过采购代理机构在 Contract Finder 网站披露 "tender notice"（招标公告）	通过采购代理机构在 Contract Finder 网站披露 " award notice "（中标公告）

采购前信息披露之所以重要，是因为它对社会经济的很多方面有一定影响，因此在发布时应对这些情况给予充分考虑：一是对私营伙伴方的影响，他们对时间表的可预测性、包括公平透明决策机制在内的采购过程最为关注；二是公众影响方面，公众有获知政府基础设施建设信息的知情权；三是财政影响方面，对项目的财政影响评估至关重要；四是竞标和物有所值方面，所采用的方法是否能使项目达到预期最优价格目标和物有所值目标。

此外，非应标项目、非公开项目的采购前信息披露，一直是个问题。有的国家如英国明文禁止非应标建议，但其实非应标项目也并非一无是处，事实上，在制度基础较弱却需要推动PPP的一些国家，非应标项目还是有其用武之地。非应标项目的信息披露，与一般PPP项目的要求相比，相对特殊。出于监管和公平的需要，世界银行建议在特定的两种情况下应进行信息披露：一种情况是，项目进入一般竞争性招标过程的一个过程，通常在可行性研究和政府接受项目建议书之后；另一种情况是，项目在任何时间点都不会面临竞争，且在政府和项目私营伙伴方之间单独谈判。

由于非应标项目的竞争程度比较有限，缺乏项目之间的比较，因此比公开项目有更大的可能性导致政府判断失误，也更容易引起政府和其他利益相关方的错误认知，从而导致腐败行为与物有所值判断错误。因此，逻辑上，非应标项目的信息披露程度，应至少和政府项目的要求一样，甚至应有更高的要求。

以哥伦比亚为例，信息披露有助于完善非应标项目规范化和良性发展。《2012年哥伦比亚法》的第1508章允许非应标项目的市场准入。私人投资者经由严格的保密过程向公共部门提交项目申请。为防范非应标项目的风险，哥伦比亚PPP管理机构制定了规范的信息披露政策。

哥伦比亚的非应标项目须经过两个阶段，每个阶段对项目有一次评估（见图3－2）。

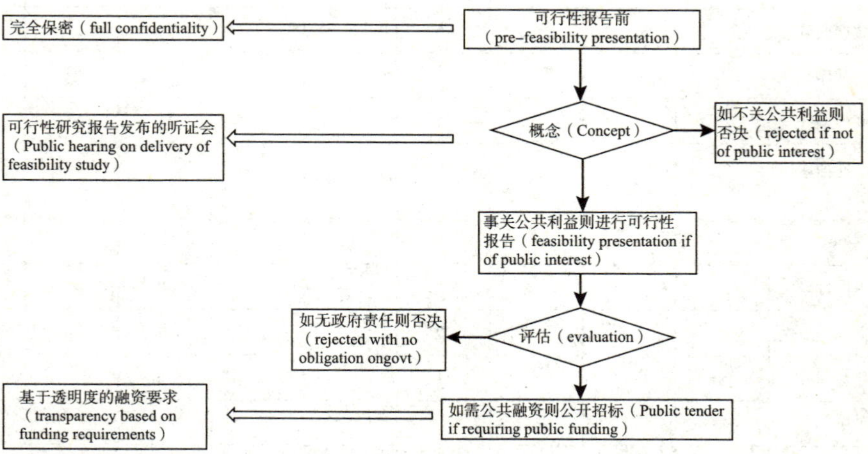

图3－2　哥伦比亚非应标项目信息披露流程

第一阶段是可行性评估前的路演，该阶段的项目信息全程“完全保密”，无任何信息披露。该阶段的评估目的，主要是评估公众是否可能对该项目存在兴趣，也可以理解为是否有公共需求。如评估未通过，则项目被拒绝，如评估通过，则认为项目理论上可立项，随后进入第二阶段。

第二阶段是项目可行性评估，从这时开始进行一定范围的信息披露。一是可行性评估研究报告是否通过，须举办公开听证会。二是一旦评估通过，可能进行基于融资情况的信息披露，具体披露情况取决于融资的公开程度。听证会后，如果项目中有政府采购部分，则按公开投标标准流程推进，信息披露具体要求按照公共采购规定执行。如果项目为全部私人部门融资，则遵循简化的采购流程，将信息发布在哥伦比亚公共采购电子系统网站（SECOP）上，为平台上其他投标方提供信息。此外，哥伦比亚国家规划部门发布了非应标项目的综述和进行中的项目案例，为相关利益方和公众提供相关项目信息（见表 3－4）。

表 3－4　　　　哥伦比亚非应标项目概览

阶段 项目	结算条款否决（Rejected Settlement of Terms）	邀约通告（Notice of invitation）	可行性报告（Feasibility）	可行性报告研究（Study Feasibility）	可行性报告被否决（Rejected Feasibility）	可行性报告前（Pre-feasibility）	可行性报告研究前（Study Pre-feasibility）	可行性报告前被否决（Rejected Pre-feasibility）	小计
道路	1			17	1		56	29	104
城市交通				6	3	2	13	1	25
公共停车							15	1	16
城市翻修							11	1	12
交通拥堵控制				2	1		7		10
路灯				1	1		6	1	9
固体垃圾		1					8		9
火车与地铁				2			3	4	9
疗愈				1			6		7
机场			1				5		6
水、污水处理							5	1	6
公共建筑				2			3		5
商业							3	2	5

续表

阶段 项目	结算条款否决(Rejected Settlement of Terms)	邀约通告(Notice of invitation)	可行性报告(Feasibility)	可行性报告研究(Study Feasibility)	可行性报告被否决(Rejected Feasibility)	可行性报告前(Pre-feasibility)	可行性报告研究前(Study Pre-feasibility)	可行性报告前被否决(Rejected Pre-feasibility)	小计
城市物流				1			3	1	5
公园							4		4
公共服务							3	1	4
运动设施				1			2		3
机场物流							2		2
监狱							1		1
大坝建设							1		1
教育							1		1
港口物流							1		1
城市								1	1
电视							1		1
住房							1		1
档案管理							1		1
文化中心									1
信息系统							1		1
合计	1	1	1	34	6	2	163	43	251

除了哥伦比亚政府发布非应标项目的信息，私营伙伴方也会发布其在这些项目中的参与情况，如哥伦比亚Condor集团（Construcciones El Condor）发布的分析报告。

3.2.4 采购后信息披露

采购完成后，项目开始正式运作，公众的关注点也有所变化。采购后的信息披露更加详尽，主要包括以下几方面。

(1) 项目信息：项目基本信息、全面风险治理分析、选择PPP项目形式的数量和质量分析、政府支持信息（保证、补助、土地、权益、服务提供等）；

（2）融资信息：融资结构、估算、特定合同类型下的实际收入情况、预测和实际资产回报；

（3）税务信息：税收模型、税务评估和监管；

（4）绩效信息：实际目标绩效报告、相关合同条款下的损失报告、独立工程师或审计报告、用户反馈与调查报告等；

（5）合同终止信息：终止条款与移交条款；

（6）合同重新谈判或变更信息；变更的细节、对成本的影响、财政承诺与或有负债、风险分布、税金及其支付、服务内容和水平等。

每个国家对项目采购后的信息披露要求的范围也有所不同（见图3－3）。一些政府要求在合同中标时发布信息，如洪都拉斯、印度与印度卡纳塔克（Karnataka）邦、肯尼亚、菲律宾等。部分政府要求（在一些平台）公布合同概况，如加拿大 BC 省、澳大利亚新南威尔士州和维多利亚州、南非等。还有一些政府要求公布合同全文，如英国、智利、哥伦比亚、洪都拉斯、印度卡纳塔克邦和澳大利亚维多利亚州。另有一些政府要求持续的财务与绩效信息披露，如英国、智利、哥伦比亚和巴西米纳斯吉拉斯州。

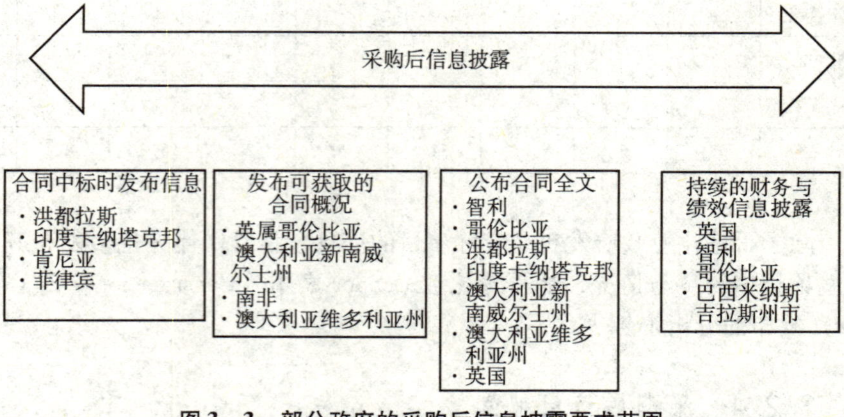

图 3－3　部分政府的采购后信息披露要求范围

在实践中，采购后信息披露还存在一些执行力问题。如信息收集的及时性比较难管理。虽然英国 PF2 项目新规要求不及时披露将面临惩罚，哥伦比亚规定缔约者负责建立公共网站并对外公布项目详情与进度信息，但这些措施的影响力和有效性还有待观察。

3.2.5　其他建议

1. 保密信息

信息披露机制中，也包含对保密信息的界定。被界定在保密信息范围内的内容，可依法不进行信息披露。保密信息主要应包括三个方面内容：一是依法和项目具体环境被认定为应保密的领域和要素，如案例融资模型、债务结构和定价方法等可能损害私有部门供给方竞争力的内容；二是审计的规范要求，强调信息公开范围限定在审计需要的范围内；三是保密信息的时间期限具体要求。

2. 标准合同条款

信息披露应有规范的标准合同条款，主要涵盖三个方面内容：一是信息的维护和提供方面，例如，信息披露的报告、文件及私有部门应向政府提供的信息清单，以及信息披露的网站站点信息、信息提交与正式披露的时限要求、不按信息披露要求提交的惩罚措施等。二是充分信息披露的推定，即应充分披露除保密信息以外的所有信息。三是保密条款，应充分表述机密信息的内容和要素组成、保密条款的格式，以及基于公共利益的信息披露条款。

3. 信息披露平台

从技术角度看，PPP信息披露需要专门平台支持。基于准确性、安全性和效能的考虑，世界银行推荐应用单一的平台进行PPP信息披露，如果无法实现单一平台，应尽量争取平台间联网。

4. 时间表

信息披露应依据时间表进行持续披露才能确保信息对各方的有效性和可用性，晚披露或不披露都会对PPP项目的信用甚至政府的公信力产生负面影响。时间表的安排，应至少包括五个方面信息的披露时限：一是基本项目信息，应在采购前披露，准备好即可公布；二是采购前信息，应按照项目时间表严格执行，建议提前两至三个工作日完成信息评估；三是重新谈判的信息，建议在执行重新谈判合同之前的 45～60 天对外披露；四是绩效信息，建议有关部门收到信息后的 15～30 天之内进行披露；五是其他相关信息，建议在签订相关合同的 45～60 天内进行信息披露。

5. 标准模板

标准模板确保了信息披露的统一规范和准确性，也为单一平台实现标准化信息披露提供了关键的制度支持和有效性保障。好的模板体系，应覆盖项目采购前至采购后的整个生命周期。标准模板的制定，与各国 PPP 项目信息披露能力直接相关，应根据 PPP 项目运作的经验和不同能力，制定适应各自发展水平和能力的模板。

3.3 世界银行 PPP 信息披露机制面临的问题与挑战①

3.3.1 PPP 信息披露业务框架是否必要

虽然很多国家都颁布了 PPP 信息披露政策要求，但是并没有提到政府公开一个稳健的业务框架是否是首要而必需的。如果还没有形成一个公开稳健的信息披露业务框架，那么 PPP 信息披露所能应对风险的能力可能会存在不确定性。牛津大学商学院的傅以斌（Bent Flyvbjerg）教授一项研究报告表明，项目风险、复杂性和规模是相乘的关系。这些风险大多与社会和环境影响有关，如政府问责、宏观经济，隐藏的公共债务问题等，这些问题可能潜伏在项目设计、实施和监控方面，而且其潜在负面影响在风险未导致危机前较难进行测度。政府应积极采取一些应对风险的防护措施，这对增强大型项目支持尤其重要。

通常，PPP 信息公开披露都受到来自多方面的挑战和利益影响，因此需要一个稳健的业务框架把这些影响尽可能降到最低。

---

① *Framework for Disclosure in Public－Private Partnerships*（*PPP*）－*Public Consultations*：*Matrix of Feedback and Responses*，WBG，2015. 2015 年秋，世界银行集团（WBG）的公私合作伙伴关系团队向社会公开了 PPP 框架草案，并以此向社会征求评论，之后得到来自于许多的 PPP 利益相关者（多数为匿名）的积极响应，WBG 团队对相应评论也给予主动反馈。本部分即是基于上述反馈意见汇总公开部分的总结和分析。

3.3.2　同一国家内部，PPP的信息披露要求低于其他公共服务提供模式

在一些数据银行运行良好的国家，公共服务合同要求强制信息披露，相关数据被应用于社会评估。然而，PPP作为一个新的公共服务提供模式，它的信息披露要求反而可能低于前者，这就形成了内部的不公平。因此，PPP的公开应至少与公共项目的现行信息披露要求保持一致，甚至应更优于后者。为此，世界银行集团（WBG）根据当前PPP业务框架，也努力延展PPP中合同公开标准（OCDS）的范围，使PPP合同有可能与政府一般合同的信息披露级别有所对比。与此同时，OECD也提升了其公共合同中的透明化要求部分，用公共合同中普遍存在的建议和做法，来审视和对比PPP项目信息透明度程度的推荐等级。

3.3.3　PPP利益相关者以外的公民参与、评价监督未涵盖在当前信息披露框架下

除了PPP项目直接利益相关者，受到PPP项目影响的社区、居民、民间社会组织和间接受影响的利益相关者，也有权利知晓项目有关信息，当前信息披露框架并未引入这些社区和居民的公众参与和评价监督内容。这个群体有其特殊性，通过信息披露，可使他们更有效地理解和监督这些影响到自身的PPP项目。除了“后知后觉”，公民参与还应包括“先知先觉”，即预期的受益者和受影响的人应该积极参与到PPP的设计、实施和评估当中。有的机构为了体现这个内涵，将PPP定义为“公民的PPP”（PPP of Public），“Public”即代表公民参与到设计和实施当中。

世界银行认为，公开信息能有效促进更好的公民参与，这也是与信息披露相关的成果之一，框架很有必要介绍向此类公众或公共团体进行披露信息的相关性。一方面，是确保PPP的公开有意义并能及时有效地向民众和社区开放；另一方面，框架应要求信息披露是出于问责目的，且遵从股东、投资者意志而进行的干预行为，并指出违背这些要求的后果。然而，该框架的目标是有限的，主要还是确保有效的信息公开。公民参与是一个特殊的专门的工作领域，对于其中通过PPP过程中公民的参与的目标，目前可通过在框架上建立良好的沟通和反馈机制来实现。

3.3.4 部分关键财务信息缺失不利于风险治理

考虑商业机密的因素，提出公开的要素往往会忽略关键的财务信息，如在项目期间 PPP 的成本效益分析（cost-benefit analysis，CBA）。这些关键财务信息的缺失，不利于纳入长期财政的整体影响分析、同一项目不同融资机制的风险比较，不利于政府债务可持续性及明确或有负债风险的风险测量和评估。

对此，世界银行集团认为，目前的框架虽然已经涉及上述问题，但对此强调有加也不为过。以担保部分为例，项目应提供:（1）担保详细的分类和精确的细节，包括确定和不确定担保，如最低收入担保，汇率保证，偿还债务担保，以及其他担保；（2）提供财务承诺的链接和不确定债务的公开报告（如有）。

需要指出的是，成本效益分析并非适用于所有国家，大多数国家更适合采取经济分析的方式。在采购信息公开时，推荐公开最终的可行性研究，其中包括了成本效益分析（如有）。同时，这也是 PPP 项目的一个准备环节，其中包括了大量的财务信息和风险信息，还包括基于方法应用的可能性风险评估及 IRR 预测的独立财务信息部分。

第4章

PPP信息披露的国际经验：以英国为例[①]

PPP信息披露自上而下贯穿多层法律法规，相关司法体系、政府透明度、公私合作伙伴关系形式等多个方面，涉及多级政府和多类部门的跨部门运作机制，实施机制较为复杂。具体实践中，各国或地区政府需要在各自司法体系下因地制宜制定PPP信息披露机制。从世界银行的经验看，PPP信息披露的总体业务框架也有一定规律可循，各个国家PPP信息披露运作机制的形成主要基于各国关于PPP信息披露的目标而定。

以英国为例，PPP项目较强的运作能力基础上，信息披露的实践经验虽然发展相对滞后，却已基本形成了较为有效的业务机制。多年以来，英国政府因私人主动融资（private finance initiative，PFI）项目饱受诟病，主要原因有两个：一是对公众和私有部门而言，PFI的采购过程可谓既漫长又昂贵；二是项目缺乏透明度，对纳税人可能因PFI产生的债务及投资者的回报等方面信息量披露不足。2012年推出PF2时，英国财政部于给予之前的PFI如此评价：并非所有的PPP都很成功，PFI作为PPP的一种模式，在英国得到经常性采用，然而，却因其浪费、缺乏灵活性和透明性等问题被蒙尘。[②]

从发展历史看，英国的PFI/PPP模式经历了孕育（1980～1991年）、诞生（1992～1996年）、发展（1997～2008年）、成熟（2009～2011年）到转型（2012年至今）五个阶段。[③] 20世纪70年代，英国当时的需求刺激政策带来了严重的财政赤字与政府负债问题，经济步入高通胀和低增长

---

① Disclosure in Public - Private Partnerships：Jurisdictional Studies，World Bank Group，2015.8：pp. 191 - 199.

② HM Treasury：A new approach to public private partnerships，2012.12：P.3.

③ 英国PFI发展简史，中国政府采购新闻网，2014年1月17日，相关链接：http：//www.cgpnews.cn/articles/19004.

困境。80 年代英国首相撒切尔夫人上台后，采取了减少公共支出、减税等一系列措施减少财政赤字，但同时也削弱了政府提供公共基础设施与社会服务的能力，致使公共服务投资不足且质量偏低。于是，在公共服务投资中引入私人资本投资成为当时最佳选择，保守党政府更建议私营部门可参与项目修建与运营。1992 年，时任财政部长拉蒙宣布政府将积极推动与私营部门合作提供公共服务及 PFI 计划。此后几年，英国新启动的道路、住房、医院和学校等公共服务项目很多都采用 PFI 模式进行开发和交付。1997 年，采用 PFI 模式的公共项目成就开始显现，不仅有效地降低了政府负债，而且体现出市场化带来的高效与执行力，时任首相、新工党代表布莱尔看中了 PFI 将市场竞争机制引入公共服务领域后提升了公共部门执行力方面的优势，积极推动 PFI 标准完善与改革。2008 年全球金融危机重创英国私人投资，PFI 的主要投资者——保险资金受到严重影响，融资成本高企，导致在建 PFI 项目还贷困境，当年仅新开 34 个项目，仅为上年的一半且达到近十年来的最低值。2009 年 3 月，英国财政部紧急成立基础设施金融小组，一些 PFI 项目得到援助和挽救。此后，英国 PFI 市场趋于更成熟理性，随着之前大量的项目进入运营期，项目类型从公益型基础设施为主，转变为更多经济型基础设施。然而，以政府投入为主的 PFI 提供更优公共服务的同时，也给英国政府带来了巨额财政负担。为此，2012 年，英国政府在 PFI 基础上推出了“PF2”，要求项目应通过信息披露形成更高透明度与效率的采购过程，以吸引更多政府和私营伙伴方应用 PFI 方式进行合作。同时，吸引更多的资本进入 PFI，也意味着政府与私有机构之间的利益调整，即需要有更合作化的方式进行风险治理，并引入能够长期投资的私有部门。①

4.1 政策背景

英国 PPP 信息披露机制发展的背景，主要是英国政府《2000 年信息自由法》与 2010 年大选后政府透明度要求的政策目标。2012 年，英国宣布实行 PFI 的升级模式“PF2”，其中信息披露机制成为重要特征，这表明，PF2 的透明度发展基于坚实的法律法规，同时，公共部门和私有部门在推动透明度方面达成了共识。

① Disclosure in Public - Private Partnerships: Jurisdictional Studies, World Bank Group, 2015.8: pp. 191 - 192.

1997 年，英国发布信息自由法白皮书，2000 年形成法律，2005 年后在全英 7 万多个政府公共部门逐步实施。英国政府推动信息共享是基于本国发展的需求：一是发达国家普遍实行信息自由法用以改善政府与公民的关系，为英国推行信息自由化运动奠定了理论和实践基础；二是全球化的知识经济快速发展，也迅速提升了科学研究和市场化信息行业对政府信息的需求；三是互联网与数据化能力的提升，使得政府更有能力以低成本提供大量信息，并通过信息帮助政府提升自身收入。

该法案强调“公开政府”，认为政府中“没必要的信息机密导致了治理中的傲慢及有缺陷的决策”。法案主要基于两条原则制定：公共权力机构必须公布其活动的特定信息；公共成员有权向公共部门要求有关信息。

除了提升决策效率，信息披露的另一个主要目的之一是反腐败，因而，英国政府的反腐败行动也成为推动英国 PFI 信息披露的主要力量。2009 年英国议会开支丑闻①之后，公众要求增强政府透明度的呼声高涨，政府透明度也成为 2010 年大选中联合政府的旗舰政策。卡梅伦首相当选后，立即向全体政府部门签发了关于增强政府透明度的一系列政策和具体实施方案，促进政府以标准化格式定期公开财经数据、资源和采购情况。为明确责任，进一步提升政策效果，英国政府对各部门的信息披露职责进行了比较清晰的分工（见表 4 - 1）。作为其中一部分工作，英国政府建立了一个专用于 PPP 信息披露的网站“Contracts Finder”，向公众和投资者公开发布关于中央政府级的相关项目情况，允许公众随时查询投标文件，也为潜在的资源供应方提供商业合作的机会。

表 4 - 1　　英国 PFI/PF2 信息披露中政府各部门职责分工②

职责部门	采购前	采购后
英国政府账目委员会（PAC）③	N/A	有权推荐项目给英国国家审计署进行审计评估
英国国家审计署（NAO）④	N/A	有权抽查项目进行物有所值（VFM）审查
英国财政部（HM Treasury）⑤	年度报告	泛政府 PFI 数据库

① 议会危机：英国“报销门”事件，2014 年 1 月 8 日，原载于《法治周末》，相关链接：http：//news. hexun. com/2014 - 01 - 08/161237418. html.

② Summary of Public Finance Initiative Authority Roles，United Kingdom，P. 194，Disclosure in Public - Private Partnerships：Jurisdictional Studies，pp. 191 - 192，World Bank Group，2015. 8.

③ PAC，全称为 The Public Accounts Committee，英国政府账目委员会 .

④ NAO，全称为 National Audit Office，英国国家审计署 .

⑤ HM Treasury，或 HMT，全称为 Her Majesty's Trearury，英国财政部 .

续表

职责部门	采购前	采购后
政府各部门（Government Dept.）	项目进度	公布每个财年应付单一收费的详情①
承包方（Contracting Authority）	合同项目公告	合同项目绩效报告

地方政府的相关项目，并不要求通过 Contracts Finder 披露，具体在哪里披露、如何披露等问题由地方政府根据当地情况自主决定。2011 年 3 月发布的《发布新合同与投标数据的实践指引》，可作为增强地方政府 PFI/PF2 透明度的政策参考。以著名对英国默西盖特威大桥②为例，项目合同投标与中标公告通过三个渠道同时发布：（1）《欧盟官方期刊》（OJEU）③；（2）Halton 本地议会网站④；（3）英国一家政府采购网站 My tenders⑤。采购完成后，该桥的项目公司单独建立了项目网站⑥，及时披露该桥的建设进度、收费标准、就业贡献、环保措施，还公布了观光接待等组织信息，积极促进项目的公众参与和社区影响。

2012 年前后，为回应来自包括议会在内的股东关于"提升 PFI 的透明度和问责制"的强烈要求，英国政府推出了一系列"高度透明"（greater transparency）的政策措施⑦：

（1）回应关于提升 PFI 项目股权回报透明度的要求，政府要求私人部门提供并公开股权回报信息的实际值和预测值。

（2）公共部门收到来自项目委员会成员的绩效信息时，公共部门相关资产也应按透明度和问责制要求进行信息公开。换言之，所有政府持有公共部门资产的项目应发布包括项目和财务信息的年度报告。

（3）基于政府已采取的透明度措施，并通过对 PFI 在"政府统一账户"（the Whole Government Account）中的责任评估，英国政府将对 PFI 合

① 即政府部门对采购项目的总金额进行估算，按照 PPP 合同约定，当年应支付给私营伙伴方的属于单一收费（unitary charges）性质的费用支出情况。此外，目前国内对英国 PPP"单一收费"的理解和翻译存在多种，值得商榷，如"统一收费""整体收费"，有观点认为，我国政府给私营伙伴方的运营补贴与"单一收费"性质相类似.

② 英国默西盖特威大桥（Mersey Gateway Bridge），位于英国西北部的 Halton，2014 年开始建设，当时预计 2017 年秋季开通，跨越默西河，是一座收费公路桥，对当地居民免费.

③ OJEU，the Official Journal of the European Union.

④ Halton Borough Council 官方网站：https：//www3. halton. gov. uk/Pages/Home. aspx.

⑤ 网站链接：https：//www. mytenders. co. uk.

⑥ 英国默西盖特威大桥项目网站：http：//www. merseygateway. co. uk.

⑦ HM Treasury：A new approach to public private partnerships，P. 3，2012. 12.

同相关的表外财政承诺进行全面控制。经评估，2010～2011财年，PFI未来履约责任的现值为1446亿英镑。

（4）自2013年春季起，英国财政部网站通过引入审批追踪机制，对PFI和PF2项目采购过程中的审批状态进行全面信息公开。

（5）发布《PFI运营节约计划》[①]（Operational PFI Savings Programme），提升成本效益、物有所值和项目运营的透明度。

（6）在《2010年度中期支出审查报告》中废除PFI的税收抵免（credits）[②]，为所有公共采购模式创造统一公平的政策环境。

（7）为保障透明度的实施，财政部定期公布所有签署PFI项目相关“由政府支付的未来单一费用预测数据”（即基于未考虑未来通货膨胀因素的名义数据），如图4－1所示。

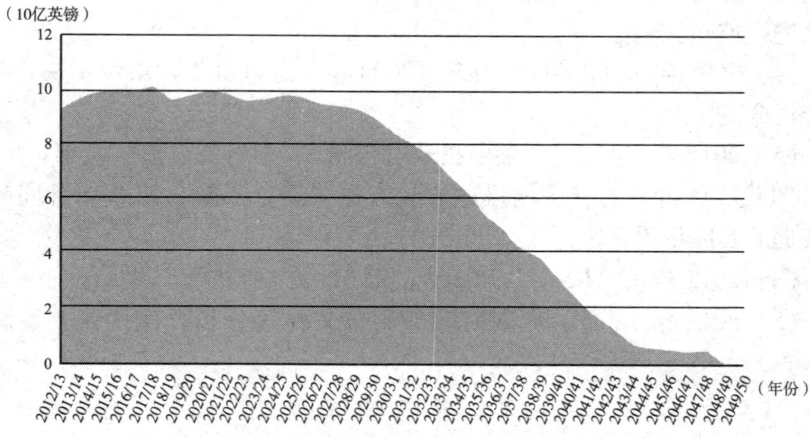

图4－1　PFI项目中由政府支付的未来单一费用预测

资料来源：英国财政部。数据基于部门与已移交管理的回报。这些数据体现了PFI模式下公共部门采购私人部门服务项目的预测回报情况。同时，由于PFI合同的支付机制，包含了绩效扣除条款，因此，当服务未提供或缔约方绩效较差时，这些条款就会被引用以减少支付额，也因此可能低于以上数据。[③]

---

① 也有文献译为《PFI运营效率提升项目》。

② 商榷：有文献将PFI credits译为PFI信用评价，经笔者查阅，未找到明确依据表明PFI项目信用评价与中期支出审查报告关系的制度依据，相关“评估”的内容表述为“Assessing PFI”，因此，笔者认为，根据其在英国中期支出审查报告中的语境，PFI credits更应理解为PFI tax credits。

③ Chat 1. D：*Estimated future unitary charge payments*（*in nominal terms*，*undiscounted*）*under signed PFI projects*. Source：HM Treasury. Figures are based on departmental and Devolved Administration returns. These figures represent the estimated payments that the pubic sector expects to make to the private sector for services delivered under PFI. The payment mechanisms of PFI contracts contain provision for performance deduction-which reduce payment if the service unavailable or to a poor standard to incentivise contractor performance-and may therefore be lower than these figures.

4.2 制度基础

英国相关法律法规、业务指引的建立和完善有效促进了 PF2 信息披露机制的发展，其中主要相关的法律、法规和政策包括：

（1）2000 年，《2000 年信息自由法》：该法案第二部分定义了“机密”的概念。

（2）2004 年，《2000 年信息自由法》第一部分之第 45 章第 5 条（2004 年 11 月生效）：国务院宪法事务部将议会纳入该法案的管辖。

（3）2005 年 3 月，地方政府《4ps 指引》①：主要为地方政府提供前期论证、合约谈判、采购管理等项目支持，该指引要求对事关利益各方的信息进行披露。

（4）2009 年 7 月 16 日，根据《2000 年信息自由法》增设相关公共机构的任命。②

（5）2012 年 5 月，《新版中央政府合同》《指引备忘录》发布。③

（6）2011 年 3 月，为增强地方政府透明度，实施《发布新合同与投标数据的实践指引》。④

（7）2012 年 12 月 5 日，PF2 合同第 31 章“标准化”发布。

（8）2012 年 12 月，英国财政部颁布文件《公私合作伙伴关系新方式》。⑤

4.3 采购前主动信息披露

英国政府明文禁止“非应标项目”（unsolicited projects），即没有经过投标并中标获得政府批准的项目。因此，所有中央政府相关的 PFI 或 PF2 项目，均须经由合同管理部门进行审核识别，并按照进度要求通过官方 PPP 信息披露网站平台“Contract Finder”进行采购前信息披露。从采购

---

① 全称为《公私合作伙伴关系程序》（The Public Private Partnership Programmer）。

② 回应咨询案 CP（R）27/07。

③ New Central Government Contracts; Guidance Note.

④ A Practitioners Guide to Publish New Contracts and Tenders Data.

⑤ A New Approach to Public Private Partnerships.

开始到采购结束的过程中，私有部门须按照要求进行采购准备、收到通知、发布投标文件、选择供货商并批准合同、合同签署并封存等五个关键步骤，同时，信息披露平台根据进度为其设定相应的状态（如图 4 - 2 所示）：意向（tentative）、合同通知（contract notice）、投标（tender）、中标（award）。

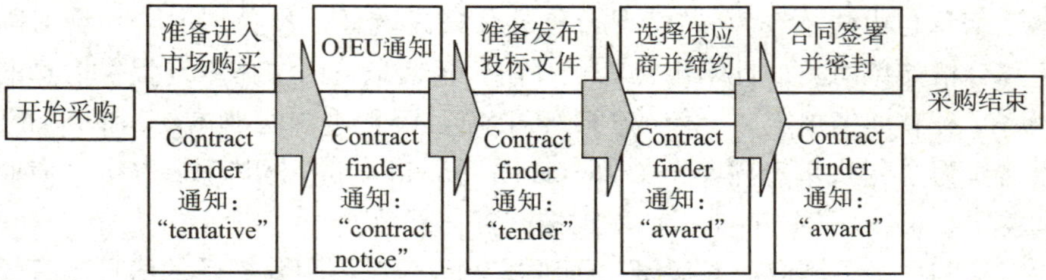

图 4 - 2　英国 PPP 合同缔约部门工作流程①

4.4　采购后主动信息披露

英国财政部在 PPP 政策制定中发挥了主要作用。2010 年以来，中央政府新发起的项目合同，如果合同金额超过 1 万英镑，均需进行全文信息披露，包括全部绩效指标及其惩罚措施。即使是属于极其有限范围的信息，可延期披露，也必须在中标 20 天之内进行披露。地方政府的合同，其投资金额如超过 5000 英镑，也必须通过地方政府当局公布合同的综述或一部分。

如政府作为项目的股东，项目须每年发布年度报告，披露项目和融资信息。每年，英国财政部发布年度 PFI 数据，包含已签署项目数据和采购中的项目数据，公众可在英国政府官方网站下载 Excel 格式的相关数据源。

英国国家审计署对 PPP 审计负有主要责任。审计署每年通过"物有所值"评估，选择性地对 60 个左右 PPP 项目进行抽查审计，并将审计报告报送给议会的英国政府账目委员会。

---

① Contracting Authority Stages, United Kingdom, P. 196, Disclosure in Public - Private Partnerships: Jurisdictional Studies, pp. 191 - 192, World Bank Group, 2015. 8.

4.5 保密信息

采购前，除了合同通告之外，信息披露要求中并无关于保密信息的公开要求，但总有一部分机构出于各种原因会涉及这个问题。在此阶段，根据《信息自由法》，有一些情况可被豁免披露责任，豁免情况分为绝对豁免和合格豁免两类，具体包含 23 个情况。《信息自由法典》对提供信息的保密义务有详细规定。一般的 PFI/PPP 项目可利用该法典第 41 和 43 条①申请作为“提供信息保密”（information provided in confidence）和“商业利益”（commercial interests）得到披露责任豁免。

采购后，英国政府对属于“商业敏感”范围可免除披露的信息也有较为严格的限制。虽然《信息自由法》和 PFI/PPP 合同信息披露的标准化合同条款都支持“机密信息”可不披露，但是，合同缔约任何一方也很难随便利用豁免条款免除信息披露责任。英国 PFI/PPP 标准合同条款规定，仅有财务条款可被视为唯一认可的“商业敏感”信息（如付款机制的价格和定价要素）。这些规定还强调，英国国家审计署根据审计需要有权知晓保密条款的内容。

此外，PF2 项目的应用的新方法也对“商业敏感”信息的认定有了更多限制。根据 PF2 标准合同文件的有关规定，在项目挂牌后，有关政府当局应尽早与投标人进行谈判，以确定将被视为商业敏感信息的范围。当商

① 相关链接：http：//www. legislation. gov. uk/ukpga/2000/36/contents.

Sections 41 and 43 of the Act，covering information provided in confidence and commercial information.

1. Information Provided in Confidence

（1）Information is exempt information if

a. It was obtained by the public authority from any other person（including another public authority）.

b. The disclosure of the information to the public（other than under this Act）by the public authority holding it would constitute a breach of confidence actionable by that or any other person.

（2）The duty to confirm or deny does not arise if，or to the extent that，the confirmation or denial that would have to be given to comply with Section 1（1）（a）would（apart from this Act）constitute an actionable breach of confidence.

2. Commercial Interests

（1）Information is exempt information if it constitutes a trade secret.

（2）Information is exempt information if its disclosure under this Act would，or would be likely to，prejudice the commercial interests of any person（including the public authority holding it）.

（3）The duty to confirm or deny does not arise if，or to the extent that，compliance with Section 1（1）（a）would，or would be likely to，prejudice the interests mentioned in subsection（2）.

业敏感事项变得不再敏感时，政府当局与投标方也应同意，对相关信息尽可能在最大限度内进行披露。合同在结构设计中，应尽可能确保采购后阶段中较为容易地移除商业敏感因素。

4.6　特殊目的载体的信息披露

截至 2013 年世界银行信息披露框架的研究报告发布，英国所有的特殊目的载体（SPV）公司中无一家上市公司，其中极少 SPV 公司发行了债券，因此相关公司涉及强制性的信息披露非常有限。绝大部分 PFI/PF2 中的 SPV 公司存在信息披露与评级无法满足公众和利益相关者的要求。PF2 实施之前，英国政府账户委员会等利益相关者对关于 SPV 信息披露的批评一直不断。

为此，PF2 围绕透明度最佳实践，针对作为缔约方的私营部门采取了一系列措施：（1）除了常规服务绩效报告，还应持续提供根据项目发展而不断更新的操作手册；（2）应维护账户的簿记，包括成本、间接费用和其他支付项目，包括基于开放簿记的生命周期基金的详细信息；（3）每半年，应向采购当局和英国财政部提供本公司及其股东的累计和预期内部收益率（IRR）；（4）应提供公司的所有权信息，包括任何出售股份的价格。

然而，SPV 的信息披露始终存在难点和挑战。由于《信息自由法》只对政府部门构成约束，督促政府公开自己拥有的信息，而私营伙伴方并不受该法约束，因此对其信息披露的监管就形成了一个无特定要求的“空白地带”。随着外包公共服务的不断增长，一些方面关于对缔约私营伙伴方的信息披露要求呼声日益高涨，同时也争论不断，英国工业联合会和其他一些商业机构基于自身利益考虑强烈反对。

4.7　小　　结

英国的经验表明，PPP 信息披露政策并非一步到位，而是经历了从初期有限的反应式措施，逐步发展到为公众提供持续的自动化、标准化信息访问等一系列信息披露机制。PF2 的新方法自 2013 年发布以来仅运行了几年，政策效果还待进一步观察。从已经开展信息披露的项目看，很明显，由于不同的缔约方对规则对理解存在差异，相关信息披露的规则并未得到持续一贯的落实，原因是其中有些规则超过或未能满足缔约方的要求。此外，PFI 模式的项目与非 PFI 项目的披露要求存在差异。通常，PFI 项目的信息可通过英国财政部的数据库获得，但是，英国天然气电力市场办公室采购的海外传输运营方项目（Ofgem OFTO）[①] 的信息却是例外，这些项目只需遵守透明度规则和《信息自由法》的要求。

总而言之，在英国，信息披露已成为英国 PF2/PPP 机制的重要组成部分，英国政府充分认识到了它的关键作用和价值，帮助英国政府利用 PF2/PPP 提供优质的公共基础设施和社会服务政策中发挥更大作用。

---

① Ofgem OFTO，由英国天然气电力市场办公室（the Office of Gas and Electricity Martkets，Ofgem）采购的海外传输运营方（the Offshore Transmission Operators，OFTO）项目。

第 5 章

PPP 项目披露信息统计：以世界银行 PPI 统计数据库为例

世界银行 PPI 数据库，承载了世界银行在发展中国家开展的基础设施 PPP 项目的关键业务数据，绝大部分数据均从 PPP 项目的信息披露中获取，对于 PPP 项目情况监测、经济分析研究等有重要参考价值。PPP 信息披露的信息量通常都比较大，通过构建 PPP 统计数据库非常有助于对信息进行挖掘利用和大数据分析，有助于为国家提供 PPP 发展规划政策依据和决策参考，也有助于对 PPP 进行穿透式监管。

5.1 世界银行 PPI 数据库

5.1.1 数据库概况

世界银行 PPI 数据库记录了 1990 年以来世界银行在中低收入国家投资并已融资到位的 PPP 模式的公共基础设施项目情况，在项目中私营伙伴方承担运营风险，不包含全部为私人所有、投资或运营的项目。世界银行数据库所定义的中低收入国家（low and middle-income countries），与世界银行保持一致，主要包括东亚与太平洋地区、欧洲与中亚地区、拉丁美洲和加勒比海地区、中东与北非地区、南亚地区、撒哈拉以南非洲地区等六个地区的国家和地区，相关国家按照人均国民收入划分为低收入、中等收入和中等偏上收入三组。每 5 年，数据库对相关国家进行准入标准重估并根据情况对入库国家进行调整，最近一次重估工作完成于 2016 年。

数据库将项目分为四类统计：管理与租赁项目、棕地特许项目、绿地项目与资产剥离项目。[①] 涵盖四个主要行业：（1）能源行业：电力的生产、传输和分配，天然气传输和分配；（2）信息与通信技术行业：ICT（包括陆地和海底光缆）[②]；（3）交通行业：机场跑道与航站楼、铁路（包括固定资产、货运火车、城市间与市内客运）、收费路桥与隧道、港口基础设施与隧道和通道；（4）水务行业：饮用水生产与分配、污水收集与处理。

项目记录的状态（status）包括：活跃（active）、结束（concluded）、问题（distressed）和取消（cancelled）。除了记录最新状态，数据库还可追踪历史状态记录。

如项目涉及投资，数据库的数据反映的是整个项目中公私双方的投资额之和，除了极个别情况外，数据库的“投资金额”均指项目最初的投资承诺金额（合同签署或融资到位时）。数据库引用了一些公共数据源，好处是数据来源有保障，但也这部分数据的可靠性主要依赖公共数据源，有时也存在不准确性风险。

项目中的债务融资（debt funding）被详细记录在数据库中。例如，贷款人姓名、贷款人性质（商业、多边、双边、机构或公共部门）、贷款人的地方或国际属性、融资金额等。数据库记录的目的在于争取确保项目相关的所有债务记录在同一位置。

数据库还详细记录了政府支持（government support），分为直接政府支持与间接政府支持。直接政府支持包括资本补贴（capital subsidy）、收入补贴（revenue subsidy）和实物支持（in kind support）。政府间接支持各种担保（guarantees）以及新的子范畴税收减免（the new subcategory tax deduction）或政府信贷（government credit）。

---

① 具体分类依据、概念和口径，详见本书第 1 章“PPP 的分类”。

② 2015 年数据库标准修订前，电信行业关注的是固定或移动接入、远距离服务的电信基础设施，2015 年 7 月修订后，电信行业不再追踪纯粹私人通信领域，转而关注有政府部门积极参与的 ICT 骨干基础设施项目，如光纤电缆等。信息和通信技术（Informationand Communications Technology，ICT），是信息技术与通信技术相融合的新兴通信技术领域。

5.1.2　入库项目标准

通过世界银行PPI数据库方法说明及其相关文件①，世界银行对PPI数据库的内容、数据类型、统计口径、指标和更新均提出了具体要求。在发展中国家范围内，如基础设施项目满足数据库要求的三个口径标准，即被纳入数据库统计范围：（1）项目分类的标准；（2）私营伙伴方参与的类型；（3）项目相关部门。

纳入数据库的项目须满足七项标准：

（1）是否确实属于基础设施项目？

（2）在基础设施资产的相关服务条款或私有所有权中，是否有真实的社会资本参与？

（3）项目是否服务于公众？

（4）项目是属于单独的PPI项目，还是属于多个项目？

（5）项目是否融资到位？

（6）项目在1983年之后是否融资到位？

（7）项目是否达到最低规模要求？

1. 是否确实属于基础设施项目

根据该条标准要求，项目须提供（通过运营或对必要的物理资产所有权）属于数据库行业的一项或多项服务。②

该条定义不包括以下类型的资产或公司：

（1）经销商（resellers）。此类公司不实际运营或拥有相关服务条款中的物理资产，而是通过经销基础设施运营商的装机容量来提供基础设施服务。例如，某些公司通过向长途电话运营商租用设施来提供长途电话服务。又如，一些公司批发购买电能或天然气并通过自由市场将其卖给终端

① 世界银行数据库相关说明主要包括四份文件：（1）PPI数据界定标准文件：Private Participation in Infrastructure Database Expanded Methodology，2007年6月；（2）数据标准修订文件：Main changes to PPI DB Methodology，2015年7月；（3）Methodology for Private Participation in Infrastructure（PPI），网页链接http：//ppi. worldbank. org/methodology/ppi-methodology，下载时间2017年9月30日；（4）Main Changes to PPI DB Methodology，2016年。

② 如前文所述，数据库项目主要包含四个行业：（1）能源行业：电力的生产、传输和分配，天然气传输和分配；（2）信息与通信技术行业：ICT（包括陆地和海底光缆）（3）交通行业：机场跑道与航站楼、铁路（包括固定资产、货运火车、城市间与市内客运）、收费路桥与隧道、港口基础设施与隧道和通道。（4）水务行业：饮用水生产与分配、污水收集与处理。

消费者。

（2）存在可变二手市场的可移动资产（如巴士、飞机）。此类型的例外情况是铁道车辆（参见后文的“铁路”定义描述）。

（3）焚化炉、独立的或固体的垃圾项目。

（4）不重要的项目或合同（例如，一个单独的风车）。

2. 在基础设施资产的相关服务条款或私有所有权中，是否有真实的社会资本参与

如果一个项目中，有一个私有公司或投资者承担了部分的项目运营风险①，该项目就可以被认定为有私营伙伴方参与，即私营伙伴方应至少为运营成本超限和运营方失败承担部分责任，无论其是独立拥有整体运营权，或只是与公共实体相关，或拥有项目的部分资产。管理和租赁合同模式下，至少有部分运营风险通过合同责任条款转移给了私营伙伴方。在新开发项目模式和资产剥离模式下，运营风险是通过合同的责任条款、和（或）项目产权的方式转移至私营伙伴方。外国企业一般被认为是私营伙伴方机构。

同时，项目须拥有用于提供基础设施服务的必要的运营权或物理资产产权。必须满足的私营伙伴方参与标准的项目类型包括：

（1）管理或租赁合同；

（2）特许经营合同；

（3）未开发项目或由私有部门开发运营的绿地项目；

（4）之前产权归政府所有的项目的私有化或资产剥离。

“私有化”，通常是指前文所有四种类型的私有参与的总称，其适用的具体安排包括：

（1）公私合营伙伴关系。该术语用于特指公共部门与私有部门合作运营、和（或）建设基础设施项目的制度安排或合同。可能是当前存在的资产（或公司），或由伙伴关系产生的一个新的资产（或公司）。如果这种 PPP 项目满足所有 PPI 项目的标准要求，就应被纳入本数据库进行统计。PPI 的分类和子分类，主要取决于何种合同分类能更好地反映

---

① 运营风险：指由于系统崩溃、雇员欺诈或失职、模型中的错误、自然和人为的灾难等原因，可能导致的项目损失的风险。可能也包括交易未完成、交易文档错误等风险导致的损失。操作风险不包括：市场风险、信用风险、流动性风险。详情参见 http：//www. cmra. com/html/body_glossary. html。

合同中的责任和风险分担。合同类型的定义，参加私营伙伴方参与标准相关内容。

（2）合资企业（joint ventures）。通常与公共部门与私有部门共同运营、和（或）所有基础设施项目相关。合资企业与PPP相似，可能是当前存在的资产（或公司），或由伙伴关系产生的一个新的资产（或公司）。如果这种合资企业项目满足所有PPI项目的标准要求，也应被纳入本数据库进行统计。PPI的分类和子分类，主要取决于何种合同分类能更好地反映合资企业合同中的责任和风险分担。合资所有的公司，需要确定哪一方具有管理控制权，否则私有公司的一方可能认为其权益未受到充分保护，或不一定在投资效率方面达到预期效果。合同类型的定义，参加私营伙伴方参与标准相关内容。

不满足私有参与标准的合同类型包括：

（1）供应合同（supply contracts）、民用工程合同（civil work contracts）。

（2）技术支持合同。

（3）分包或外包合同。这种合同是一个公司向另一个公司提供服务的安排，相关服务可能在机构内部进行。基础设施公司的业务外包，包括维护、计费或市场营销等。

（4）交钥匙工程合同（turnkey contract）或建设合同。交钥匙工程合同，也经常被称为“EPC”或“工程、采购、建设”合同。

（5）运营和维护合同。此类合同通常指对物理资产的工程运营以及本地员工培训。此类合同不涉及对基础设施资产或项目公司的管理。

（6）由私营伙伴方财团承诺建设的基础设施项目合同，而其只拥有一段时间，一旦设施建设完成便将设施的所有权和运营转移给国有企业或公共部门。此类合同的主要目的是为国有企业或公共部门的项目建设提供融资服务，而非将基础设施的运营风险转移给私有部门。

3. 项目是否服务于公众

一个项目被认定为基础设施项目的前提，是它为公众直接或间接提供了占据重要份额的服务。“重要份额”具体指至少占据整个销售或装机容量的20%。向公众提供“直接”服务，通常也涉及包含零售部件在内的项目，如电力、天然气、水力的分配，或移动电话服务的分布。同样，符合标准的交通设施应是向公众开放的设施，如机场、铁路、道路或海港。

向公众提供“间接”服务，通常涉及独立、大量的设施，如：电站、水处理站，他们将产出出售给第三方，并由第三方再最终分配给公众；传输设施（电力传输管线或天然气传输管道）为批发或零售设施方提供运输服务；铁路和港口为有服务需求的公司提供服务等。

4. 项目是属于单独的 PPI 项目，还是属于多个项目

看一个项目是否独特的标准，是看它本身是否能像一个独立的公司机构那样发挥作用，这是区别于其他运营公司的主要特征。如果项目有另外单独的融资包，即使是从属于一个大项目或者属于一个旧项目的扩展，此类融资项目均被视为一个新的项目，记录在 2015 年后新增的“相关项目”（related project）名下。这样，研究人员就可以通过在数据库中搜索相关项目的名称或用户身份来找到特定的项目。①

相关比较容易混淆的案例包括：

（1）一家公司机构可能包括多个不同的部分，如铁路与车辆，或电站附带水处理设施。

（2）如果在一个项目被私有化之前，公司，或部门、不同的活动或资产被分解成多个不同的部分（例如生产、传输和分配），而且每个部分都被单独设立为一个独立公司，那么，这种分割就会造成多条基于多个公司的数据。

（3）一家公司实体可能在不同阶段都有资产剥离发生，只要项目公司被剥离作为一个单独的商业单元，那么所有这些部分就构成了一个项目，而且项目中的每个单元内部的私营伙伴方参与度都有所提升。墨西哥电话公司（Telefonos de Mexico）就是这种资产剥离类的一个案例。

（4）当一个 PPI 项目合同结束，与此同时对应同一个资产产生了一个新的合同，这时，即使它们相关的物理资产完全相同也应将两个项目合同作为 2 条数据分别记录在数据库中。

（5）当 PPI 中的项目发生兼并（merger）时，项目记录可能根据合并

① 2015 年数据库标准修订前，许多扩建、附加设施以及“集团”项目都被列入可在投资年限内被追加投资的项目，因此，系统未能适当地记录一个给定融资到位年内，项目实际掌握投资以及项目的数额或者是任何后续投资的细节（金额除外）。参考 2015 年之前的说明表述：“现存 PPI 项目的扩张（如一家二手电站），应记录为一个单独项目的后续，除非，另外产生了一家新增的公司机构（通常伴随着新的法律合同或运营许可）。此类情况的例外情况是基础设施资产在租赁或管理合同下的扩张。除此以外，相关的扩张或新资产通常来自政府或其他出资人，而他们并不代表一个新的 PPI 项目。”

的形式做不同处理。

①通过收购或购并进行的兼并。指在一个项目公司购买另一个项目公司。购买行为以现金或通过发行某种债务工具的方式完成。购买记录和购买的项目都因购买本身而有所更新，其中，发生购买行为的公司的记录仍然保持“运营”状态，并且以后仍会被更新，而被购买的公司的状态就改为“兼并”，且以后不再被更新了。所有关于项目合并前的历史信息（投资数据、发展银行支持、出资方等），均应作为相关原始信息进行保留。运营中的项目，不应反映出任何兼并前发生的数据，即应记录合并后正常运营发生的数据。

②合并。指成立了一个新公司，并以新公司名义收购了相关的公司。在数据记录时，应将收购信息记录于被收购的公司项下，将该公司状态改为“兼并”，兼并时间就记录为融资到位的时间，且不再进行数据更新。同时，新公司应按照新的记录进行数据记载，并得到持续更新。

（6）项目拆分时，母项目和拆分子项应按如下规则进行数据记录。

①母项目（parent project）。拆分前应保存全部历史数据，同时应持续反映母项目提供服务的更新情况。拆分发生前的一些信息，包括项目描述、年度投资和发展银行支持情况均应予以保留。拆分年度之后，投资和发展银行支持情况应跟踪记录在新的母项目中。

②拆分子项目（spin-off projects）。项目信息的记录，将拆分年度视同融资到位年度处理。每年的投资与发展银行支持情况，应可以追溯至拆分年度起。项目描述，也应体现子项所来自的母公司信息。

5. 项目是否融资到位

在法律上将私营伙伴方方承诺的融资或提供的服务进行确认时，方可构成“融资到位”。鉴于数据库的目的所在，只有融资到位能被确定的项目才能进入数据库统计范围。哪些尚未实现融资到位的项目，被认定为潜在的项目，不能进入本数据库统计。各类PPI的融资到位标准均有所差异，详情参见“融资到位”下的“每条记录包括什么”部分。

对“融资到位”的判断。融资到位时间应为新建、改扩建项目发生调动资金之时，而非签署合同之时。如无法获得项目融资细节，输入日期应为建构开始日期，而非项目完成25%后。如融资到位日期不确定，可通过一种世界银行新的“估算融资到位”方法进行判断。

6. 在 1983 年之后，项目融资是否到位

世界银行 PPI 数据库每年 12 月份进行更新。例如，2006 年的更新时间是 2006 年 12 月，在此之后进行融资到位的项目就计入下次更新数据的范围。可在此数据库中查询年度融资到位的情况。

7. 项目是否达到最低入库要求

达到进入数据库标准的项目，应至少达到以下 3 个指标[①]：

（1）私营伙伴方所有权应至少达到最低规模要求，即私营伙伴出资方或财团的所有权或运营权应至少占整个项目的 20%。资产剥离类模式下，至少 5% 的公司资产被转移至私营伙伴方部门的项目才能被认定为 PPI。

（2）直接或间接服务公众、有固定基础设施（captive facilities，如发电站和光缆）的项目中，只有根据合同要求将 20% 股份用于服务公众的项目才可计入。

（3）项目于 1983 年后融资到位。需要注意的是，一些部分资产剥离的项目，是通过优惠券计划（voucher programs，即将一个公司或项目的股份分发给一组特定公民）或直接转让国有企业雇员的方式完成的。这些交易可能包含支付，也可能没有支付行为发生（即股份有可能是赔偿的一种形式）。如果交易中没有购买股份的支付行为发生，关于获取政府资产的投资承诺应记录为 0。在这些案例中，至少 5% 的公司资产要求同样适用。然而，在实践中，若非属于一个更大项目的一部分，此类交易在公共数据中鲜有报告。该指标适用于私有化中的第一次交易，但不适用于有多次资产剥离情况的后续交易。

5.1.3 私营伙伴方参与标准

该数据库对 PPI 的分类，取决于公共和私有部门之间对项目公司的运作、融资运作和投资的责任分配情况，并且，在一定程度上取决于所有权结构。各类 PPI 合同公私双方参与相关支出、责任和所有权安排总结如表 5-1 和表 5-2 所示。

---

① 根据数据库说明，这个指标是任意制定的，只是为了确保私营伙伴方方应有 PPI 合同中相当部分的所有权，相关原文为“The threshold is arbitrary, but it is intended to ensure that private sponsors own a substantial part of the PPI contract”。

表5-1 各类PPI合同公私双方责任与所有权分配表

责任＼PPI类型	管理与租赁合同	特许经营合同	绿地项目合同	资产剥离合同
资本支出	公共	私有或公私混合	私有或公私混合	私有或公私混合
经营支出	私有或公共	私有或公私混合	私有或公私混合	私有或公私混合
运营责任	私有	私有或公私混合	私有或公私混合	私有或公私混合
资产所有权	公众	公众	私有或公私混合	私有或公私混合
合同所有权	私有或公私混合	私有或公私混合	私有或公私混合	私有或公私混合
所有权说明	项目资产所有权均归公共部门所有。私人承包商均获得项目运营控制权	在合同期间，项目资产可归私营部门所有，但在合同结束后，项目资产所有权会返还至公共部门。混合所有制合同中的私人合作伙伴一般获得项目的部分运营控制权	在合同期间，项目资产所有权归私营部门，但到合同结束时，项目资产所有权应返还至公共部门。混合所有制合同中的私人合作伙伴，一般于项目建设期后获得项目公司的部分运营控制权	资产所有权最初归公共部门所有，然后最终将永久性转让给私营部门。国家是否能保留项目公司的全部运营权，取决于所出售的股权规模和剥离条件

表5-2 私营伙伴方参与安排表

项目	管理合同	承租	租赁	特许经营	资产剥离
运营职责工具箱定义（definition in the toolkit of operator duties）	以向公共设施提供管理服务而获利	在出售的水数量但不投资基础设施资产的基础上经营业务，保留费用（一般不等于客户关税）	经营业务，保留从客户关税中获得的收入，向承包当局支付租赁费用，但不投资基础设施资产	经营业务，资助投资，但不拥有基础设施资产	经营业务，自主投资且拥有基础设施资产
主要运营责任（selected responsibilities of the operator）	为公共设施提供服务	雇用员工经营和维护公共设施	雇用员工经营和维护公共设施	雇用员工经营和维护公共设施融资和管理投资	雇用员工经营及维护公共设施融资和管理投资

续表

项目	管理合同	承租	租赁	特许经营	资产剥离
运营方的典型盈利功能（stylized typical profit function for operator）	固定费用+津贴-经理工资和相关支出	承租费用×出售水数量-经营及维护费用	来自客户的收入-经营及维护费用-租赁费用	来自客户的收入-经营及维护费用-融资支出-让步费用	来自客户的收入-经营及维护费用-融资支出-许可证费用
运营方主要风险&风险比重（selected risks typically borne by operator—and typical share of total project risk）	取决于绩效奖金的性质—很小	经营和商业风险—很大	经营和商业风险—很大	经营、商业及投资相关风险—主要	经营、商业及投资相关风险—主要
运营资产所有权（ownership of operator assets）	经营者	经营者	经营者	经营者	经营者
基础设施资产所有权（ownership of infrastructure assets）	授予方	授予方	授予方	授予方	经营者

注："租赁""承租""特许""剥离"等术语的用法甚有区别，这些名称并不总有表中列出的特性。在其他相同的情况下，经营者承担更多的租赁需求风险，因为政府支付的承租费用是固定的，而租赁费用是可变的。

资料来源：PPI water toolkit 2006，相关链接：http：//rru. worldbank. org/Toolkits/WaterSanitation/。

5.1.4 行业标准

数据库项目分类为特定的部门、子部门和部门，项目要求处在特定的业务中，而非简单地拥有这些资产，且专为客户或客户群服务的项目不包括在内。世界银行PPI项目分为四个行业：能源、电信、运输和水务。

1. 能源行业

能源行业，是指直接向用户提供电力或天然气作为公共服务的活动。

（1）电力，包括提供电力所需的活动，具体为电力的产生、传输和分配。

①电力产生：生产电力所需的设施，包括电力工厂。

②电力传输：将发电厂生产的电力输送到配电设施（如电网）所需的设施。由于它们是专用传输线，不包括将发电厂连接到电网的电缆。例如，一个发电厂可能需要一个二次传输线传输其电力输出到电网。但是，二次输电线路的存在并不意味着拥有该设施的法人实体提供输电设施直接或间接地向公众出售电力。

③电力分配：从电网传输到用户所需的设备，如连接电网和转换器、转换器和用户的电缆。

（2）天然气：包括传输和分配管道部分，不包括天然气勘探和生产。需要特别注意，如果天然气作为发电厂的一个输入，该项目属于电力子部门和发电段。

①天然气传输：将天然气从气田输送到主要管道系统的设施，如管道、压力调节器等。

②天然气分配：将天然气从主要管道系统输送给个人用户的设施，如管道。

2. 电信行业

电信行业包括用户之间作为公共服务传输信息所需的活动，具体为固定接入、移动接入和长途电话。

（1）固定接入：在一个国家指定的地理区域内，用固定或有限的移动电话连接个人用户电话服务的网络。

（2）移动接入：在一个国家的特定地理区域内，将个人用户与移动电话连接在一起的网络。

（3）长途电话：将一个国家的本地区域或其他国家的个人用户连接到位于不同地理区域的电话服务的网络。

此项下不包含其他通信服务，如传真、寻呼、无线电通信，或增值服务，如数据传输或视频，以及通过向长途运营商租用长途线路或容量来从事长途业务的转售商服务。

3. 运输行业

运输行业包括将人或货物从一个地点转移到另一个地点的公共服务所需的资产或设施，具体有机场、铁路（含地铁）、道路和海港。

（1）机场，包括物理基础设施（码头、跑道、塔台），但没有机车车辆或机架让步。具体指跑道和航站楼。

①跑道：飞机和空中交通塔起飞和降落所需的设施。

②航站楼：所有机场物理设施（如机场候机楼、飞机机库，以及连接机场附近的即时交通枢纽），除了跑道、购物、餐饮、住宿等以及其他服务。

（2）铁路包括轨道、码头、铁路和铁路车辆。地铁系统和单轨铁路也被认为是铁路。

①乘客运输：在大都市区或多个大都市区之间为人民提供运输服务，并提供车辆货运。

②货物运输：在大都市区或多个都市地区之间为货物提供运输服务，并提供车辆货运。

③固定资产：在大都市区或多个大都市地区提供铁路服务的设施，包括轨道、信号设备、通信设备等，但不包括铁路车辆。

（3）道路，包括所有必要的土地运输设施，但不包括公共汽车和汽车。英国通道列车分为道路和隧道两类，而非铁路。

①桥梁：高架过境设施，包括附加收费设备。

②隧道：地下过街设施，包括附加收费设备。

（4）公路：陆路运输设施，包括附加收费设备。

（5）海港包括码头设施和周围航道，但不包括航运公司。

①码头：陆上码头。

②航道：港口周围航道的建造和维护。

4. 水务行业

水务与污水处理，是为用户提供饮用水或处理废水作为公共服务需求的相关活动。

（1）处理厂：包括储存及输送饮用水给用户或处理废水所必需的所有设施。

①饮用水处理厂：用于处理人类饮用水的设施，包括水资源的分配；

储存能力建设；批量供应；脱盐。

②污水处理厂：储存和处理废水的设施，如污水处理厂。设施应处理来自供水公司的废水。

③饮用水与污水处理厂：当上述两种处理厂均包括在项目中时。

（2）公用设施：包括为用户储存和输送饮用水所必需的所有设施，包括用于测量向个人用户输送饮用水消耗量的管道和装置。

①无污水的水处理设施：为用户储存和输送饮用水所必需的设施，但不包括污水处理服务。

②污水收集：废水进出口设施，如下水道，管道和污水池。

③污水收集和处理：储存、处理废水的设施，如污水处理厂。

④设施：应处理来自供水公司的废水。

5.2　世界银行PPI数据库统计方法

世界银行PPI数据库的统计多数据记录，基于严格的数据概念和统计口径，每个统计项目和子项目均有详细口径说明，确保了各国数据记录的统一和准确。

数据库对项目的原始记录，主要包括以下信息：

（1）项目标识。

（2）融资到位。

（3）状态。

（4）私人参与类型。

（5）部门。

（6）合同条款。

（7）系统。

（8）合同授予方法和投标标准。

（9）投资者。

（10）政府支持。

（11）历史。

（12）开发银行支持。

除了对收到的原始数据进行忠实记录，数据库还通过全面审查每个低收入和中等收入的经济体在使用公共资源活动，以达到更准确的记录与年度更新。用于审查的信息源主要包括：

（1）道琼斯路透商业资讯。

（2）专业出版物述评。专业资源包括：国际项目融资，项目融资，评级机构报告，全球电力报告，东欧能源，电力在亚洲，美国在拉丁美洲的电力，亚洲电力，美国环境影响评估国家报告，全球水资讯，多边投资担保机构的投资，民营化的晴雨表，非洲公用事业监管论坛和能源监管区域协会。

（3）谷歌。

（4）授予 PPI 合同的投资者网站或公共机构。

（5）多边机构的网站，包括新闻稿和年度报告。

（6）如果公开的信息没有提供足够的数据，研究人员应要求下列实体的丢失信息：项目公司、开发商和投资者、授予 PPI 合同的政府部门、监管机构。

5.2.1 项目标识

（1）项目名称与命名。项目名称是唯一、独立的记录。项目通常基于以下标准之一命名：

①英文名称。最常用、最接近的英文名称，可以是项目公司名称或资产名称。

②项目国家语言中最常见的或最接近的名称。这给非英语国家提供了本地语言的记录的可能性，但实际上，由于数据库系统识别功能所限，只能使用英文符号。①

③与项目的地点、部门或描述有关的名称，以及相关其他名称：缩写名称或缩写、旧名称（曾用名称）、其他多个名称。

（2）城市。在低收入或中等收入国家，该项目已经发展并向公众提供服务。跨境项目，即涉及多个国家的项目，应包括所有相关国家。

（3）地区。应属于已开发该项目的低收入或中等收入国家的地区。区域的自动选择取决于选择的国家。所涵盖的地区是世界银行认证的六个发展中的地区：东亚与太平洋地区、欧洲与中亚地区、拉丁美洲及加勒比地区、中东和北非地区、南亚地区、非洲撒哈拉以南地区。

---

① 即按照项目所在国的语言发音，用英文字符进行记录。

(4) 项目位置。项目位置信息取决于该项目的业务性质，分两种情况：

项目地点可能是零售网络合同（如电力和配电设施、固定或移动运营商）服务的地理区域，这通常被称为服务区。或者，项目地点可能是在建造设施所在地的地理区域，例如发电厂或水厂、电信运营商、输电线路和运输项目。

(5) 股票公开上市。须检查项目公司或项目合同的股份是否在证券交易所进行交易。

如果公开交易的股票被标记，那么在这个领域应该标明进行股票交易的证券交易所的地点：

①本地：国内的证券交易所。

②国际：项目本国的国外任何一所证券交易所。

5.2.2　融资到位

当有法律约束力的私人资本方承诺调动资金或提供服务时，就会出现财务或合同结算。财务或合同结算的定义在不同类型的私人参与中有所不同，如以下所描述的确定融资到位日期。

私人发起人同意或者签署具有法律约束力的投资资金或者提供服务协议时的日期。根据不同的私人参与类型，法律招标协议的定义有所不同：

(1) 管理和租赁合同：合同授权管理或租赁服务时必须以公共实体授予合同和私人财团签署生效，假设服务的运行和开始日期为管理或租赁合同成立日期。签订合同日期应注明为融资到位日期。

(2) 棕地项目合同（特许经营合同）：财务或合同结算日期是在签署特许合同及确定转让经营日期达成的。签订特许经营合同，对股权持有者（项目发起人）产生具有法律约束力的承诺，为项目提供或调动资金。签署合同的日期应声明为融资到位日期。如果这样的信息不可用，那么私人财团开始运营该项目的日期应该被视为融资到位日期。

(3) 绿地项目：对于新建项目，融资到位被定义为一个具有法律约束力的承诺的存在，股权持有人或债务融资商为项目提供或调动资金。具有法律约束力的提供资金的承诺通常是通过签订贷款或债务来实现的，这必须占项目成本的一个重要部分（25%）。因此，项目资金确保设施的建设。贷款签订日期应作为融资到位日期。当新建项目主要或暂时是通过股权出资，项目建设进度（25%）可以表明项目的融资到位。在这些情况下，项目建设进度报告的年度应作为融资到位年。

（4）资产剥离项目：股权持有人须具有法律约束力的承诺才能获得该设施的资产。这通常发生在签署购股权合约之时，签署日期应用作融资到位日期。如果信息不可用，就会产生两个可能的日期：

一个日期是私营财团接管该项目或公司业务的日期，应被认为是项目或公司业务转移到私人财团的剥离日期。另一个日期是第一批股份出售的日期，不涉及将项目或公司业务转移到一个私人财团的交易（只要它们至少占项目股本的5%）。这些交易通常是通过证券交易所完成的，在中标的报价被选中后不久，交易即告完成。

5.2.3 项目状态

数据库对每个项目的进展状态进行标示，每个项目只能选择其中一个状态选项，之后可根据实际情况进行适时状态更新：

状态选项1：正在建造的设施建设。

状态选项2：已经向公众提供服务的项目运作。

状态选项3：订立的合同到期，政府或者经营者不再续签或者延长。

5.2.4 私营伙伴方参与类型

该数据库识别四种类型的项目，每种类型中都有私营伙伴方参与和子类型：

1. 管理与租赁合同

私营企业在固定期限内接管国有企业的管理，但所有权和投资决定仍属于国家。任何资本支出都是由政府资助的。管理和租赁合同有两个子类别：

（1）合同管理。合同管理将管理公用事业的责任移交给私人经营者，通常期限为3～5年。最简单的合同管理向私人运营商支付固定的管理任务费用。其他的合同管理通过定义绩效目标以及部分费用基于其完成情况，从而为效率提供更大的激励。这些支付通常是由固定金额和基于获得特定结果的激励费用组成。大多数运营风险仍然存在于政府，私营承包商在提供服务方面不负法律责任。因此，在合同管理的设计中，一些关键的挑战决定哪些目标是可测量的；并且在操作员的控制下，决定该经营者的报酬应如何影响这些目标的实现。另一个挑战是，确定经营者应该拥有哪些权力，例如雇佣权。在许多合同管理中，除了少数高层管理人员外均是由该公司雇佣员工。

（2）租赁合同（一般租赁合同和“affermage”租赁合同）。“affermage租赁合同”，这里指的是合同协议的一种类别，指经营者负责经营和维护业务，而不是融资投资。affermage租赁和一般租赁的区别在于技术层面：在一般租赁中，运营商保留从客户而来的收益，并且向承包当局支付特殊租赁费，承包人可利用这笔资金投资出资。在affermage租赁中，经营者和承包当局共分来自客户的收益。运营商根据需求和客户关税，支付承包当局租赁费，并保留剩余收益。在affermage租赁合约下，运营商的利润取决于实用的销售和成本——这种合同通常激励经营者来提高运行效率，增加销售。因为affermage租赁项下的承包当局通常负责基础设施资产融资投资，所以其必须增加融资协调投资计划与运营商间的关系。在某些情况下，运营商设计和管理投资计划。在其他情况下，缔约当局负责这个任务。因为投资和维护之间的区别并不清晰，affermage租约要求运营者负责一定的投资责任（例如赔偿）。执行affermage租约通常比管理合同更困难，因为运营商通常会承担更多的风险。根据租约，经营者的薪酬多少直接取决于客户的关税，所以政府有义务设计一种合约，以保护经营者免受关税有关的政策风险，且合乎法律。根据affermage租赁合同，运营商承担较小风险因其资费不同于客户资费。但运营商宁愿就平均而言，客户关税能够包括运营商关税。一般affermage租赁合同有效期为10~15年。

2. 棕地项目（或特许经营）

棕地项目（或特许经营），不仅要求私人经营者承担经营和维护资产的责任，而且也要负责融资和管理投资。资产所有权从法律的角度来看，通常是政府的责任，但是，所有资产的权利，包括那些由运营商创造的资产通常在协议期限终止时归于政府——往往在25年或30年后。私人经营者接收公用事业的最终利润，并依据法律负责提供服务。数据库根据下列类别分类特许经营：

（1）修复、操作和转移。私人投资者改造现有设施，然后在合同期内，自担风险操作和维修设施。

（2）修复、租赁或出租，转让。私人投资者自担风险修复，租赁或租赁从政府而来的设施，然后在合同期内，自担风险操作和维修设施。

（3）建设、修复、操作和转让。私人开发商为现有的设施增加设施或完成已部分建成的设施和修复现有的资产，然后在合同期内自担风险，操作和维修设施。

3. 绿地项目

私人实体或公私合营企业，在项目合同规定的期限内建立和运营新设施。该设施可在特许经营期结束时重归公共资产。数据库将绿地项目分为四类：

（1）建设—租赁—所有。私人投资者自担风险建立新设施，将所有权转让给政府，从政府那里租赁和经营设施，自担风险，在特许经营期结束时拥有完全的所有权。政府通常通过长期或大部分的供应设施或最低的交通收入保障合约，提供收益保障。

（2）建设—所有—转让，或建设—所有—运营—转让。私人投资者自担风险建立、占有和经验新设施。在经营期结束时将所有权转让给政府。政府通常通过长期或大部分的供应设施或最低的交通收入保障合约，提供收入保障。

（3）建设—所有—运营。私人投资者自担风险建立、占有和经营新设施。政府通常通过长期或大量的供应设施或最低的交通收入保证，提供收入或付款保证。

4. 资产剥离

私营企业通过资产出售、公开发行，或大规模私有化计划收购国有企业的股权。资产剥离和特许经营权一样，赋予私人经营者完全的经营、维护和投资责任。但与特许经营不同，剥离资产的法定所有权往往属于私人经营者。当特许权与剥离权的区别明显之时，缔约当局和经营者的权利和义务可能相似。一方面，至少在特许权初期，特许权主要转让足够长时间的经济权利，对经营者的激励非常类似合法拥有者。另一方面，剥离可能提供给经营者定期许可，没有经营许可，剥离资产价值不大。而且，如同特许经营，如果许可吊销，资产可能会回到政府手中。该数据库将剥离分为两类：

（1）全部剥离。政府将国有企业所有股权转让给私营机构（经营者、机构投资者等）。

（2）部分剥离。政府将国有企业的部分股权转让给私人机构（经营者、机构投资者等）。销售份额可以在档。私人股权可能会意味或不意味设施私人管理。

此外，一些交易结构复杂的合同（如涉及多个合同，以确定私人投资者和政府的权利和义务等），需进一步分析，以确定最合适的PPI类型。在这些情况下，PPI数据库分类试图反映所有合同中私营企业所承担的所有权利和义务。例如，一些PPI交易可能涉及临时出售股权的项目公司，但并不一定意味着剥离。这可能是任何其他类型的PPI。

5.2.5　服务部门

（1）主要部门，指项目直接或间接向公众提供服务的部门。

（2）次要部门，项目一般提供多个基础设施部门服务，二级部门是该项目向公众提供的第二个主要基础设施服务。最常见的多部门项目涉及能源和水资源。对于涉及电力和水服务的项目，能源为主要项目，水资源作为二级项目。因此，很多报告将项目投资归因于这能源部门，而不是水资源部门。这种情况只适用于多部门项目。对于只提供一个部门服务的项目，二级部门领域不适用。

（3）界别分组：界别分组的项目直接或间接地向公众提供服务。各有关部门都包括在内。

（4）节段：节段表明项目直接或间接向公众提供特定服务。每个界别分组应该只包括一个节段。如果项目在一个界别分组提供服务，便只能选择包括这些服务在内的节段。

（5）技术/燃料：只有三段节段需要有关项目的技术和/或燃料使用的信息。他们是电信固定接入，发电和海港码头。这是一个多项选择字段。所有相关选项都应标记。子选项如下：

①固定接入：电信电缆、微波、卫星和WLL（无线本地环路）。发电：煤、柴油、地热、水能、天然气、核能、蒸汽、废物和风。

②海港码头：集装箱码头、干散货码头、液体散货码头、多用途码头。

5.2.6 合同条款

1. 合同期限

项目合同，为合同（如租赁合同、BOT、特许协议）的有效期，合同长度应以“年”计算。在合同续期或延期的情况下，合同期（年）是指在原合同条款中加入合同续订期。如果项目更新或扩展，这些信息也应反映在原始项目合同领域。

2. 合同终止年份

指原合同期限已满的年份。对于被取消的项目，合同终止年是指合同终止的年份，而不是指合同规定到期的年份。

3. 项目合同历史

这一部分总结了项目的继往情况，如以前的与 PPI 合同相关的所有项目，具体包括：

（1）合同合并：合同取消后的收益或合同签署后的收益。

（2）合同续签。

（3）项目分拆。

（4）相关项目。此范围表示因为合并、续约、分拆或项目合同历史的其他变更与当前项目相关的 PPI 数据库。

（5）封闭项目。这一术语要应用于电厂，是指那些设备输出主要针对自己的消费或一些大型用户的设施，但至少 20% 的能源输出是向公众出售或者通过批发电力市场的电力购买协议销售。20% 是项目产出确保满足公共服务项目的基本标准。

（6）封闭百分比。这一百分比表示电厂不出售给电网或配电公司的电力所占的百分比。如前文所述，至少有 20% 的能源输出应出售供市民消费。因此，封闭百分比的最大值为 80%。

5.2.7 系统

1. 多个系统

PPI 合同可能包括一个以上的独立系统（如电力、自来水公用事业、铁路网络或机场）。例如，假设每个城市的水务系统或机场为独立运营，那么一个运营三个城市的水系统或机场的租赁合同，就可能包含了多个系统。多个物理基础设施存在时，可以独立提供各自的基础设施服务。例如，一个 PPI 合同可以承担两条单独道路的项目，或两个发电站的项目。

比较特殊的是电信网络，它通常是全国性系统，但运营时往往是单个系统而不非多个系统。

2. 系统数量

“多系统”数量检测清楚后，则应填充此系统的具体数量。输入的数字应该是独立的系统（如 3 个水务系统）的数量，或者独立的物理资产的数量（如 2 个发电厂）。

（1）项目公司：是创建管理项目的企业实体。它通常被纳入项目兴办国。大多数情况下，项目公司通常用作项目名称。

（2）政府级授予合同：这是与私人财团签订 PPI 合同的政府级别。政府级别选项包括联邦/国家、州/省、地方。

5.2.8　合同中标方式和投标标准

1. 合同中标方式

合同中标方式指政府发起进行项目投标的方式，包括四个子项选择：竞争性招标、竞争性谈判、直接谈判、非应标建议书。

2. 竞标项目

竞标项目指政府用来从竞标中选择中标的标准选项，包括：

（1）最高金额的新增投资。

（2）支付给政府的最高价格。

（3）施工或运营成本最低。

（4）所需最低补贴。

（5）最低关税。

（6）其他。

（7）投标数量。

（8）项目投标书中提交的财务投标数量。

5.2.9 私营资本方

1. 运营商

在特定的合同期限内，与政府签订合同，管理或维护设备的公司。在许多合同中，经营者和主要投资者是同一公司。此术语不是关键术语，它一般根据不同项目持续更新。如有可用信息则应录入，否则可留空。

2. 投资者

投资者指在特许经营、绿地协约，管理和租赁合同中占据15%以上的股权，并且在资产剥离项目中占15%的所有权的私营企业。

如果没有一个投资者拥有至少15%股权，例如首次公开发行资产剥离，“其他”应填写为投资人的名称，但“其他”无法享有一定比例的所有权。但是，如果至少有一个投资人的股权达到15%或更多，就应在“投资人”项目中填入其名称。“其他”就不能再作为此项目赞助人。若非没有可用的信息，所列投资者应是更新年份12月前拥有公司股权的公司名称，当投资人在项目中出售其股份时，出售完成后，该项目应及时更新。

对于被撤销的、已结束的、合并的项目，应当在合同被撤销或者结束或者项目被合并时，填写拥有至少15%股权的投资者名称。

世界银行认为，基础设施投资者应积极参与基础设施项目，在其中掌握控制权并承担风险。许多投资者通常利用其不同的子公司或合资企业签订具体合同。因此，大多数项目需要进一步的研究，以确保填入正确的基础设施投资者，而非其子公司或合资企业。

在某些情况下，由签署合同的子公司确定其后真正的基础设施投资者比较简单。例如，法国电力公司、美国爱依斯电力公司等投资者，常利用区域子公司在一个特定的国家或地区投资。在此情况下，母公司应为基础设施投资者，而非其附属公司。

3. 投资者的所有权份额

每一个填入该区域的投资者都表示每一投资者都在该项目或项目合同中掌握一定份额的股权。注意，这种所占份额不同于合同中财团投资者中标的份额，前提是该财团投资者不拥有全部该合同。这种情况常出现在部分资产剥离和公私合营企业。在部分资产分离企业中，该领域所需的数量是私人担保人在项目中拥有的份额，而非私人投资者在购买部分项目的财团中所拥有的份额。换言之，所有投资者的总拥有权份额，加上持有少于15%的其他私有实体公司所拥有的总份额，必须等于该字段在“%私有”子项下最近一年所输入的数字。如投资者在项目中的股份发生变更，这个子项也将相应更新。

4. 投资者所在国家

项目投资者注册成立的国家，并在当地建立公司总部。

5.2.10 政府支持

发起项目的政府在很多方面提供财政支持。PPI 数据库记录的政府支持形式包括：

1. 固定政府支付

政府同意提供固定金额的补贴，以支付全部或部分项目成本。付款方式可以是分期付款，也可以是一次性付款。政府义务支付将计入项目中的“实物资产总投资”。这类项目见于绿地项目和资产剥离项目中，其中，私营公司承担运营风险和决策责任。

2. 灵活政府支付

政府同意支付项目全部或部分成本，支付的资本金额取决于项目合同中所规定的标准。政府的义务支付将计入“实物资产总投资”。这些项目包括特许经营，资产剥离和新建项目，其中私营企业承担风险和决策责任。可能支付的项目包括：

（1）基于固定物理或服务单元定义的支付款和需求响应（分别安装新连接数和流量级别）。

（2）操作维护成本和项目收入或投资成本和项目收入之间的赤字所确定的支付义务。

3. 付款担保

在买方不履行偿还债务的情况下，政府同意履行和私营企业相关的采购义务（通常是国有企业）。较常见的例子是，当政府保证支付私人企业和国有企业之间的固定购买协议（例如，电力购买协议或购水协议）。

4. 债务担保

政府为私营企业借款做担保。也就是说，政府保证在私人机构违约的情况下，向债权人偿还债务。

5. 收入担保

政府为私人运营商设定一个最小的可变收入，通常这种收入是最终用户使用费。这种形式的保证最常见于政府规定最低交通或收益的道路上。

6. 汇率担保

政府为保护某私人实体企业免受当地货币价值波动的影响而提供汇率担保。当本地货币贬值时，如贬值20%或更多，政府将同意补偿私营投资方的汇率损失。

7. 建设成本担保

政府保护私营企业在施工阶段免受潜在成本超支风险。

8. 利率担保

利率担保指政府为保护私营实体企业免受利率波动风险，而提供的担保。当利率风险发生时，政府提供一部分补贴以弥补私营投资方的损失。

5.2.11 项目历史

项目历史是指项目以下信息的变更记录。

1. 项目合同的私人股份

私人投资者在项目所属公司或项目合同中所占比例并不一定表明资产的所有权。例如，如管理合同由一个完整的私人投资者承包，且项目合同的私人占比为100%，那么无论资产是否属于政府，投资都由政府承担。在部分资产剥离或公私合资企业的情况下，股权一般属于私人合伙人并低于100%。

私人股权的数据是累积的，并且应反映年度变化。尽管其没有变化，私人股权的数据也应输入在项目历史表中所有的可用年份。在私人股没有变化的年份中，应使用最新的有效值。

2. 向政府支付的款项

这些是在得到政府投资前向政府所支付的款项。它们包括项目公司用于获取政府资产的资源，如国有企业在特定地区提供服务或使用特定的无线电频谱的权利。许可费、标准收费或剥离收入是较为常见的征税机制。当PPI合同项下的委托投资因合同的重新谈判而需要变更时，委托投资将被调整为修改后的数据。数据录入取决于支付金额的设置和付款时间表：

（1）如果支付款在合同的第一年内完全付清，那么许可费、特许或租赁费，或资产剥离收益的总额应在金融封闭年录入。投资年份应该和金融封闭年相同。

（2）如果支付款在合同期限内按年付清，然后在逾期付款合同中包含的利率应作为折现率来估计该支付流的价值。现值应被纳入为融资完成年的投资。投资年应该和融资完成年相同。

（3）如果与特定的股份销售挂钩的付款处于不同的交易年份（例如资产剥离后的几年），那么政府资产的投资应被录入在交易的那一年。

当许可费或付款标准被定义为收入或利润的百分比时，那么政府资产投资数据会缺乏可靠的录入信息。然而，如果这些信息定期公开，那么每年向政府的支付款项是可录入的。数据库所有投资数据以百万美元为单位报告，当投资数据以其他货币报告时，如当地货币或欧元，投资数据会根据国际货币基金组织在投资委托年度所提供的市场平均汇率转换为美元。

3. 实物资产投资

项目公司承诺投资于设施等实物资产。投资可以在新设施或扩建或现代化的现有设施。数据录入因部门不同而不同：

（1）对于电信项目以外的项目，在整个合同期间开发或扩建设施的全部开支会作为融资完成年的投资数据而录入。数据库记录了项目公司在该领域的委托，所以在融资完成商定的金额会被记录下来。

投资年份应该和融资完成年相同。对于在同一合同下同意的进一步扩建（例如，额外的发电厂），参与扩建的投资委托会被记录在同意扩建的年份。当在PPI合同下的委托投资因合同的重新谈判而变更时，委托投资将被调整为修改后的数据。最后投资委托的租赁项目不包括总资产成本。相反，它们被记录在项目的合同期超过资产预期寿命的比例。

（2）对于一些由私营伙伴方控制的电信项目和大型能源事业，投资责任由质量指标、年度投资设施扩张作为投资数据录入。相关信息通常从公司年度报告中获取。

PPI数据库使用两个标准来确定电信和能源由私人控制的公司：一是私人至少拥有公司50%的股权（或股份的投票权）；二是少于50%股权但拥有公司的运营控制权。

对项目规模大小的记录，除记录项目投资金额外，还应记录"能量数据"，由工业特定单位计量。常见工业计量单位包括：

（1）公里数：适用于道路、铁路、能源传输和电信远距离载波项目。

（2）安装兆瓦：适用于发电项目。

（3）千立方米/日：适用于水处理厂。

（4）安装连接（千）：适用于电信网络和水电力分配项目。

（5）吞吐量（万标箱/年）：适用于海港码头。

4. 政府现金补贴承诺

政府承诺支付在PPI协议下设立项目的部分成本，该部分金额往往不超过工程总成本。

5.2.12 开发银行援助支持

对PPI项目进行援助支持的多边开发银行（见表5-3）为项目提供资金支持和援助的记录。记录信息包括提供资金支持的多边银行的名称、援助类型、金额和年份，以及多边机构在特定类型的支持下所承担的资源（股权、担保、贷款、准股权、风险管理或企业联合组织）。

表5-3　对PPI项目进行援助支持的多边开发银行

银行名称（英文缩写）	银行名称（中文全称）
ADB	亚洲开发银行
AFDB	非洲开发银行
BCIE（又称CABEI）	中美洲经济合作银行
BOAD	西非开发银行
CAF	安第斯发展公司
CDB	加勒比开发银行
DBSA	南非开发银行
EADB	东非开发银行
EBRD	欧洲复兴开发银行
EIB	欧洲投资银行
IADB（又称IDB）	美洲开发银行
IBRD	国际复兴开发银行
IFC	国际金融公司
IAIC（又称IIC）	美洲投资公司
IDB（又称ISDB）	伊斯兰开发银行
MIGA	多边投资担保机构

1. 援助投资类型

（1）股权：除了美洲开发银行、世界银行和国际发展协会外的多边机构均允许投资股权。

（2）担保：包括两种类型的担保，一是货币不可兑换、内乱，以及违反合同等风险；二是部分信贷担保，保证较长期限或提供流动性担保，从而将中期融资变成长期融资安排。

（3）贷款。利用多边机构资金直接贷款（也被称为A-loan）。

（4）准股权。这些产品既有债务特征又有股权特征，其中一些还是可转换债券、次级贷款的投资，以及优先股和收益票据投资（也被称为C-loan）。

（5）风险管理。风险管理产品，或衍生性金融商品，允许项目公司对冲货币、利率或风险敞口。

（6）企业联合组织。多边机构通过其他投资者的资源安排融资，但机构始终是贷方记录（也称为 B-loan）。

2. 援助数量

援助数量指多边机构在特定类型的支持下所承担资源（股权、担保、贷款、准股权、风险管理或企业联合组织）的数量或数额。

3. 援助年份

援助年份指开发银行支持项目的年份。

第 6 章

世界银行基于 PPP 信息披露的财政风险评估

有效的财政风险评估，必须基于真实有效的信息披露。世界银行将 PPP 财政风险进行了详细划分，并研发了专门的财政风险评估工具——PPP 财政风险评估模型（Public - Private Partnership Fiscal Risk Assessment Model，PFRAM），该工具的运用则基于世界银行包括 PPP 数据库在内的一系列宏观数据基础。本章对世界银行界定的 PPP 财政风险进行了概念分析，并按照其分类进行了应用介绍。希望对我国建立基于 PPP 大数据的财政风险监测平台提供模式参考。

6.1 PPP 财政风险①

风险分担是构建 PPP 合同的核心内容。风险有可能分配给合同任意一方，或以特定方式进行分担。每种风险分担给最适合承担并有能力管理该种风险的一方，同时，承担该风险的一方应对所承担和管理的风险评估。原则上，PPP 合同定义了一个完整的项目风险分担机制，并在合同及其授权合同管理人基础上创建了一个风险统计、归纳与登记机制，以计量风险敞口，并在合同期内，对风险潜在的影响进行定期评估。

---

① 本部分主要参考 Public - Private Partnerships Fiscal Risk Assessment Model User Guide，April 2016.

6.1.1 PPP财政风险概念

PPP财政风险，通常指由于PPP合同中未确定的风险、合同中未明确规定的风险或一些尚未确定或分配的项目风险对财政造成额外的风险。PPP财政风险一般比具体分配给项目双方的风险更大。如私营合伙人无力执行项目或进行所承担风险的管理，导致PPP项目最终以破产告终。再如，在某种情况下，假如政府在合同期间引入的项目变更或政策变化，以及技术演变、人口流动或消费者偏好变化带来了外源性变化，那么，私营合作伙伴有能力将一些风险（合同分配给他们的）转移回政府。如发生这种情况，政府甚至会主动允许私人运营商因为变化来向政府转移一些本与政府不相关的成本。从风险管理角度看，这是对政府十分不利的措施。例如，当政府要求在工程设计上进行变更，引起私营伙伴方费用超支，因此会转移给政府的一些超支的费用；再如，由用户付费的项目过程中，有时因部分补贴用户的收费水平调整，从而导致私营伙伴方损失，这时，政府可能会提出对合同进行再协商，根据情况修改用户收费结构。

6.1.2 PPP财政风险分类

世界银行将PPP项目中政府可能面临的财政风险源分为11类，并根据每一类风险源制定了评估指标，并研发了专门的评估工具PFRAM。其中，一些风险已明确分配给政府（即缔约政府当局或公共部门第三方），另有一些隐性风险未能被识别，这些财政风险亦需进行评估和进一步研究。

1. 源于政府风险的财政风险

全球经验表明，在某些情况下，私营合作伙伴有能力将其一部分风险转移回政府。其中最常见的两个动机：一是项目变更或政府在合同期限内引入的政策变化，二是技术进步、人口变动或消费者偏好变化带来的外生变化。第一个动机，令政府方需认真了解政府发起的变革对公私合作的影响，以及调节变革意愿的机制，思考每个变革的成本和收益。第二个动机，使政府方需继续管理外生变化带来的后果，采取主动行为，减轻对项目的影响并为挑战提供解决方案。在这两种情况下，如政府财政风险管理能力不足，则可能出现允许私人运营商以这些变更为由，将不相关的成本转嫁给政府，从而导致财政风险。

2. 源于建设风险的财政风险

每个PPP合同都会将建设风险分配给私营合作伙伴。在棕地项目中，私营合作伙伴的资产应达到一定标准，且风险自负，但政府也可能面临重大的财政风险，主要包括两类：

一类风险源，是对上述一般规则的明确豁免。一些项目会分配一些特定风险给政府，比如地质风险，一些价格特别不稳定的问题，或有问题的土地（在土地获取、土地整理及其相关活动、搬迁过程中发生的问题）。大多数政府都接受与保护考古发现有关的风险，或是不受私营合作伙伴控制的，意想不到的环境问题。

另一类风险源，是私营合作伙伴（或其承包商）可能缺乏足够的能力，应对和处理合同中分配给私营合作伙伴方的建设风险。这些风险可能包括：项目无法实施、购买土地成本超支、意外的地质条件等。

3. 源于需求风险的财政风险

需求风险主要来自三方面：一是基于用户收费的项目，存在用户需求的不确定性。二是除了政府收取费用外，项目费用由政府支付给运营商，从支付结算角度看，私营合作伙伴方还可能有收入延迟、结算时间不确定的风险。三是即便是政府付费项目，当付款与提供的服务数量挂钩时，可能产生的需求风险。

PPP合同将需求风险分担给私营合作伙伴，以此来激励其高质量完成项目、创造和吸引需求并收回成本。需求风险很关键，因为它可以被用来评估私营部门对项目的兴趣，并作为过滤不良项目的一项机制。同时，鉴于政府通常都对项目持有“乐观倾向”，通过私营机构的商业合理性评估还可以进一步验证这种“乐观倾向”的市场预期。

通常，需求风险以合同的形式保留在政府方，有时通过对“最低需求”进行保证（例如最低交通保障），或者“最低收入”进行保证的方式，在假定的极端情况下，可能将风险明显地分配给政府。因此，在这些情况下，需求风险应该事先仔细检查，评估其财政风险，并约定在合同期限内进行监控。世界银行一些相关案例显示，需求风险最终会成为一个重大的财政风险。

此外，在实践中，为了投标获得项目，私营伙伴方也可能做出“过于乐观”的商业评估，其中包含了较高的需求风险，从而导致政府的隐性财政风险。政府方对此应有预先评估。

4. 源于运营和绩效风险的财政风险

PPP 合同总是会将维护风险划分给私营合作伙伴，目的是保证设计和建造基础设施的责任，且永远不会出现促使私营合作伙伴出现“偷工减料”的诱因，以防范以后造成性能上的问题。维护工作应该满足一系列相应水平的相关指标。一些合同中，将基础设施运营和向用户交付相应服务的义务，划分给私营合伙人。例如，运营一条高速公路，会包括其所有的安全、应急、燃料，以及其他相关的服务分类；或者运营一家医院。

当按如上策略优化责任安排结构之后，维护的成本就初期投资而言就会很低。但当交付后，在中长期，可能会产生一些潜在问题。如合同中包括所有运营环节，其成本相对于初期投资而言会非常高，且相应的风险也较大。例如，运营急诊救护医院的年费用通常与建造和设备的初期投资一样高。

5. 源于金融风险的财政风险

私营合伙人通常需负责为项目筹集资金，并要面对利率风险等融资相关的风险。汇率风险可以分配给合同任意一方，或以特定方式进行分担。

融资方的风险厌恶偏好，可能使得政府提供公共财政或债务担保的必要性有所增加。而过多的公共资本参与或债务保证，会降低能够提高 PPP 效率的刺激源，并且应该只被视为具有贴现性的必要条件——并且只是在项目净利润和 PPP 选择当中需要的情况下。

6. 源于不可抗力的财政风险

不可抗力条款规定了某些超出当事人控制范围的合同后果，致使受影响方可以不履行合同义务。一般而言，PPP 合同中不可抗力条款的目的是：（1）定义当事人同意的事件或情况应被解释为不可抗力；（2）在不可抗力事件继续发生时，向受影响方免除责任，并免除其在 PPP 合同下履行其义务的责任；（3）提供与该不可抗力事件有关的各方义务（一般是以信息和缓解的方式）；（4）在不可抗力事件持续超过一段时间的情况下，提供终止权。

在谈判不可抗力条款时，典型的假设是不可抗力事件发生的风险超出了当事人的控制范围，其不应分配给单独一方。因此，发生不可抗力事件引起的财务后果应该是共同承担的。不可抗力允许私营合伙人要求解除其在 PPP 合同下的义务；如果不可抗力持续时间超过一定范围（通常为 6 ~ 12 个月），双方通常都有权终止 PPP 合同。

不可抗力条款也应区别于“艰难条款”①，艰难条款处理的多是意外情况，在这种情况下，实现业绩将变得更加繁重，而不是不可能。起草任何不可抗力条款之前，应先分析：（1）定义 PPP 合同中不可抗力的概念；（2）明确其后果，以及是否有任何默示条款或压倒一切的条款适用于相关的法律时，如何影响当事人的合同协议；（3）是否需要列出构成不可抗力的事件。通过设置一系列标准来定义不可抗力，其中包括一个双方同意应构成不可抗力事件的、带有指示性，但并不会对事件进行限制的列表（某种程度上，它们符合定义中规定的标准）。同时，各方还应该考虑不可抗力事件保险方面的影响。将潜在的事件的风险分为“可保险性风险”和“不可保险性风险”，而只有“不可保险性风险”将被视为潜在的不可抗力事件。然而，订约方应谨慎对待这一做法，因为它需要对保险有特定的专业知识，对相应的保险市场进行监测，而市场在 PPP 合同期限内可能会出现波动。如采用这种方式，则不可抗力条款将与“保险”条款一并起草，应特别需注意的是，在 PPP 合同执行期间，对一开始可以进行保险的风险在此之后可能变成不可保风险。

7. 源于政府作出重大不利行为的财政风险

政府作出的重大不利行为也称为“政治不可抗力”，指签约当局或任何有关公共当局在 PPP 合同期间发生的任何行为或不作为的出现：（1）使私营合伙人无法履行 PPP 合同规定的全部或实质性义务的情况；

---

① 注：艰难条款（hardship clause）又称艰难情事条款，是指当事人在合同中对由于不可预见的情况严重改变了合同的平衡，其结果导致一种经济方面的额外负担加于一方当事人身上的情况，作出估计并规定处理办法的条款。该条款主要包括两项内容：一是条款所适用的意外事件；二是解决的程序和办法。艰难条款实际上是针对情事变更设定的条款。情事变更原则的适用，包括变更合同和解除合同两种方法。艰难条款的作用就是保证在维持合同的效力的情况下，维持双方利益的公平和平衡。当事人设立艰难条款的目的，是在情事变更致合同基础丧失或动摇时，通过调整当事人的利益关系而保证合同的继续履行。调整，使合同有了新的基础，使继续履行不致产生不公平的后果。艰难条款使当事人有了可供遵循的调整程序和调整办法。艰难条款与不可抗力条款的内容不同、效力也不同。在合同中同时存在不可抗力条款与艰难条款也是不足为奇的事情。并不是任何合同都需要订立艰难条款。对标的额大、履行期限长的合同，艰难条款才有现实意义。转引自王传丽：《涉外经济合同的法律效力》，中国政法大学出版社 1989 年版，第 178 页、第 179 页。

（2）对成本或由此产生的利润产生实质性的不利影响的情况。

在不可抗力的情况下，政府重大不利行为允许私营合伙人要求解除其在 PPP 合同下的义务；如果政府重大不利行为持续时间超过一定范围（通常为 6 ~ 12 个月），双方通常都有权终止 PPP 合同。然而，在 PPP 合同当中，将政府重大不利行为发生的风险划分给承包当局，意味着私营合作伙伴将有权就发生政府重大不利行为而造成的损失进行索赔，并且在政府重大不利行为期间私营合作伙伴的应付总额应该进行进一步的中止，具有争议的是，这与那些因承包经营权产生的未付应付款很像——以此来减轻政府的机会主义行为。

8. 源于法律变更的财政风险

严格意义上，"法律变更"指中标人提交投标的日期之后，发生的下列事件：（1）颁布任何新的适用法律；（2）废止、修改或重新制定任何现有适用法律；（3）对适用法律的解释或适用的变更；（4）通过发行有关任何物质条件的任何政府实体的实施制裁，更新或修改，或撤销或不更新（除依照现行法律适用）任何批准；（5）向私营合伙人征收、收取新税，或者增加、减少任何税的税率以及分类。

法律的变更可能会对合同一方或双方产生正面或是负面的影响。当政府重大不利行为发生时，根据定义只会对私营合作伙伴产生不利的影响。而法律的变更，通常允许在较为罕见的立法变化时进行赔偿，而一般的立法改革（影响所有经济经营者）则不这样做。例如，税收制度的一些变化允许赔偿（例如增值税的变化），而另一些则不允许（如税率所得税率结构的变化）。

9. 源于金融均衡再平衡的财政风险

一些合同（或管辖权）允许在几个事件的影响下重新平衡项目的财务平衡。不管什么时候，法律框架都会允许定义那些事件的时候带有一定的灵活性，在合同中将会详尽地列出所有容易出现再平衡理由的事件，所以要减轻财政风险，并防范私营合作伙伴的战略行为。此外，还应密切评估再平衡程序和确定触发事件影响的方法。

10. 源于重新谈判风险的财政风险

在此背景下，重新谈判的风险并不是指导致谈判的事件，而是与谈判过程本身相关的风险。许多类型的风险都可能导致重新谈判。但是重新谈判本身会创造一些机会将一些本来是分配给私营合作伙伴的成本和风险转移回政府。

重新谈判可能采用正式（根据合同和法律规定决定是否进行相应的过程公开），或非正式（因为一个核心参数或一系列参数的简单变化）的手段。

重新谈判从定义上来说是没有竞争压力，因而在此环节中需使用能达到相应级别的标准，并且对商讨的状态要持续进行评估。一般而言，经常会根据离值点来对近期的状态进行评测，并且尽可能避免选择谈判破裂和合同取消的情况。

重新谈判，无论正式或非正式，都是一个寻租实践中的焦点问题。在治理方面，需要进行十分仔细慎重的审查，并根据原始合同及其他的追加条款或者改动，全程采取公开的方式。

11. 源于合同终止风险的财政风险

在PPP合同的风险分担当中，终止条款是一个关键要素。终止条款在确定PPP项目是否盈利方面，发挥着至关重要的作用。与一般PPP合同条款相比，有一些更为优先的、可能导致PPP合同终结的情况，其中包括：(1）在私营合伙人未能履行其义务或公共政策时，签约当局所出现的情况；(2）因为签约当局没能正常履行义务，私营合伙人所出现的情况；(3）在不可抗力、政府重大不利行为和法律变更时，双方任何一方出现的情况。终止条款中规定了用来计算签约当局向私营合伙人支付相应金额的规则。

可能导致PPP合同终止的各种情况，不同的PPP合同都会有所差异，需根据每个PPP项目的特定风险和义务来进行具体问题具体分析，同时在适用法律压倒一切的规定当中也是一样。例如，部分司法体系会规定签约政府当局有权因公共利益终止合同。

因此，需要签约政府当局的合同管理者，应就每个合同规定的情况下，对提前终止款项的总额有一个清晰的认识，并及时这些信息应传达给财政部门用于财政风险管理。

6.2 世界银行基于披露信息的 PPP 财政风险评估

基于前文 11 类可能导致财政风险的风险源，世界银行使用“公私合作伙伴关系财政风险评估模型”（PFRAM）对 PPP 财政风险进行全面评估。这个分析工具，由国际货币基金组织（IMF）财政事务部和世界银行集团 PPP 跨领域解决方案组织（PPP - CCSA）共同开发，对 PPP 潜在宏观财务影响进行系统性评估，从实践层面，提高 PPP 的项目评估技术非常必要，这样才能保证项目得到正确实施，但再好的项目评估技术也无法对项目的预算承受能力作出保证。通常，项目融资和提供资金的条件可完全独立达成，但项目和财务评估技术之间出现脱节，政府可能结束采购项目，因为政府将面对要么不能在现有预算范围内提供资金，要么将公共财政暴露于过度的财政风险中的问题。基于国际会计和统计标准，PFRAM 使用者可评估 PPP 项目的宏观财政影响，例如他们会对财政赤字、毛利率、负债净额，以及政府的不确定债务产生影响。PFRAM 也可以提供一个与 PPP 项目有关的框架去确认财政风险，并对它们进行评估，也会对适当的缓解措施进行讨论。作为一个财政风险测算工具，PFRAM 是一个基于 Excel 的工具，它包括五个模块。第一个模块包含工具简介、项目简介和数据输入表。第二个模块为执行现金和权责发生制项目的财政影响测算。第三个模块包括所有输出表，这些内容都会以表格和图表的形式出现。第四个模块会进行敏感性分析，并给出了宏观变量和合同终止的替代假设结果。第五个模块收编了项目风险的投机结果（PRM），其中包括项目风险分担的可能性、财政的影响、风险评级，以及优先权，并提出潜在的延缓措施。PFRAM 具有较好的灵活性和包容性，涵盖不同种类的 PPP 合同以及不同国家的特性，支持不同用户进行分享，有效地支持了相关国家的财务分析小组以及其他非 PPP 专家团队的工作。通过确定 PPP 项目的合同关键要素、潜在的财政成本和财政风险，我们可以更清晰地了解 PPP 成本构成和风险程度，并及时根据项目风险变化而开展与相关利益方的沟通，同时帮助政府提高财政透明度并设计适当的风险缓解策略。

6.2.1 PFRAM的主要功能

1. 评估现有PPP项目

PFRAM被设计用于一个PPP项目或者一组相似的项目当中——其建立在PPP合同和分析师评估的现成信息基础之上。它可以适用于较大的项目（或类似项目组），因为它会评估系统风险和宏观经济影响，但其不可用于所有规模的项目。

2. 评估项目计划

PFRAM可用于评估在项目周期中不同阶段的现有PPP项目，以及评估潜在项目计划。PFRAM可以帮助分析师了解PPP项目在不同筹资假设、风险分担安排和宏观经济环境下可能产生的财政影响。

3. 根据国际标准和最佳实践评测财政影响

根据IPSAS 32（国际公共部门会计准则第32号，服务协定）对PPP项目的财政影响进行评测。主要的财政统计都应采用GFSM 2014（政府财政统计手册，2014）格式并符合PSDG 2011（公共部门债务用户指导纲要，2011）标准。

4. 评估权责发生制和现金收付制对财政的影响

尽管可以根据利息标准（IPSAS 32）进行PFRAM建模，但其对项目的影响还要根据权责发生制（例如收入报表、资产负债表）和现金收付制进行评估（例如现金流量表）。

PPP项目一般不会在总体财政指标中得到适当的报告（例如赤字和债务），特别是在以收付实现制为基础的会计体系的国家当中。这是因为，在项目开始时，公私伙伴关系建立PPP相关资产时，对政府现金余额的影响通常是带有边际性。目前，在权责发生制的基础上，一旦签订合同，政府承诺就会变得重要，并可能形成潜在的财政风险。为了对PPP项目的实际财政成本和风险提供清晰的观点，这个工具会根据现金和权责发生制模拟财政赤字、毛/净债务以及不确定债务的影响。然后，可以将模拟与其他国家报告的标准进行比较，以评估它们与最佳做法之间的差距。

5. 项目风险概述

根据结构式问卷，PFRAM 可协助用户确认 PPP 项目中的主要风险，包括风险分配、可能性、影响以及潜在的缓释措施；并在项目风险归纳集合中进行概述。

6. 对宏观和项目特定变量进行敏感性分析

PFRAM 允许用户输入关键宏观经济变量（例如 GDP、通货膨胀）和项目参数的备选假设（例如合同终止）并进行敏感性分析。当合同信息受到限制，和/或 PPP 项目仍在谈判中时，这一点也很有用，可允许用户基于其他方案对结果进行检查。

同时，值得关注的是，PFRAM 作为一个功能性较强的财政风险评估工具，既有其优势，也有其局限性。优势在于，它有效地利用经济数据和 PPP 数据对财政风险进行了量化分析和直观展示。局限性在于：一是它不适合进行 PPP 投资组合评估。PFRAM 只适用于特定时间一个 PPP 项目的评估或用来评估一组类似的项目。但在 PPP 项目组合中分析不同项目时，应谨慎考虑，因为不同项目可能产生的风险通常是相互关联的。二是它不能代替一个完整的财务和经济项目评估。PFRAM 旨在根据有限的信息（通常包括在项目的财务模型中）和分析师的假设，估算 PPP 项目的宏观财政影响。因此，它只给出了一个有关项目潜在的财政成本以及相应风险比较宽泛的概念。

6.2.2 PFRAM 工作机制

在实践中，评估 PPP 项目既要收集具体的项目数据，还要对政府在项目周期中的关键阶段作用作出相应判断。在进行这样的评估时，有几个关键问题的考虑，是难以在实践中得到解决的，为此，PFRAM 提供了一个模块化的关键问题评估过程。

1. 谁发起项目

PPP 项目可由中央政府、地方政府或国有企业发起，对总体财政指标的影响取决于国家的机构覆盖率（例如总的政府部门或总的公共部门）。

2. 谁控制资产

通过所有权、受益权或其他方式，有简单标准化的两个问题可帮助用户决定公共部门控制 PPP 相关资产的能力。公共部门控制了相应资产，则应在资产负债表中确认其公共资产及其相应负债，并应进行相应的收入和费用核算。

3. 谁最终为相应资产进行支付

PFRAM 重点关注为开发项目所提供资金，而不是看私营合作伙伴如何资助项目的建设和运营（融资选择）。其中要考虑三种融资方案：（1）政府使用公共基金就相应资产进行付款，如通过可用性支付；（2）政府允许私营合作伙伴可以直接向相应资产的用户收费，如过路费；（3）上述两种方式的综合，每一个选择都会有不同的财政影响。

4. 如何付费

政府付费和用户付费可以固定或随时间发生变化。政府的可用性支付通常是固定的，但政府也可以通过特定的调整机制（例如通过通货膨胀、名义汇率调整）来支付一系列的费用。同样，用户付费（例如过路费）通常会随着时间而进行调整。

5. 政府是否提供了额外的支持

PFRAM 评估 PPP 当中产生的确定以及不确定的债务影响。当政府控制 PPP 相关资产的时候，就会产生确定债务；同时，即使资产被视为私有，也可能出现不确定债务。通常情况下，不确定负债是指债务担保以及最低收入保证。政府提供支持的其他方式包括了为资产相关服务提供补贴价格、股权注资、减免税额等方式。

6.2.3　预算、会计与 PPP 报告

在实践中，大多数国家的实际情况，与国际最佳案例的 PPP 问责制和透明度要求之间，还存在较大的差距和偏离，这对 PPP 项目的财政评估产生了潜在影响，对其适当性和时效性也有所限制。

对国家之间的实践进行对比分析一般比较复杂。通常，按照典型的财

务周期，PPP 的数据可选择不同方式的产生和报告方式。理论上，我们愿望中理想的情况是，PPP 项目及其财务事项应被嵌入中期财政框架和年度预算中，而集成财务会计系统将被包含在各种报告格式的财政周期中从而提供数据。实践当中，PPP 要反映在财务周期中的方式就是国家和项目所依靠的几个特定要素。例如，如果项目中的相关资产采购（如道路、桥梁、医院）被认为是由私营合伙人所有的话，则 PPP 不得列入财政周期（或者由为此目的建立的公司所持有，其通常归类为私营方）。同样，在预算和会计制度大多是以现金为基础的国家，即使 PPP 采购的资产被视为属于公共方所有，PPP 运营也不会在财政报告中的 PPP 周期（即建设）早期阶段显示出来。国家在不同的财务报告中对 PPP 经营情况报告会有所不同。例如，PPP 可以从预算执行报告中剔除，而相关的资产和负债表在当前的年度财务报表中应遵循国际公共部门会计准则（IPSAS）。

财政周期通常始于中期财政框架，它确定了政府预算编制的前提。执行中的预算，应在财务会计系统中进行记录，并生成各类预算报告，如年内预算执行报告。财年结束后，最终的年度财政报表应进行编制，并根据国际公共部门会计准则（IPSAS）进行提交。之后，根据财政周期到目前为止产生的信息，编制审计报告，提交立法机构和其他监督机构。预算报告和会计报告是财政统计报告中的主要内容，应符合财政国际统计标准（GFSM 2014）。此外，各种其他可能产生的财政报告，可能借鉴会计制度和其他来源，如债务可持续性分析、长期预测、财政风险公告等。所有这些报告都说明了下一个财政周期中期财政框架所包含的政策措施。

PFRAM 允许用户决定 PPP 相关资产是否属于公共或私营合作伙伴。在这样做时，它遵循的控制方法由 IPSAS 32 规定。如果用户认为 PPP 相关资产的公共合作伙伴的控制（例如中央或地方政府）将有重大的财政影响，应将其反映在不同的会计报表中。另外，如果 PPP 相关资产由私人伙伴控制，其财政影响将只在 PPP 合同的末端显示。如 PPP 相关资产属于公共部门，PFRAM 将评估并将 PPP 项目的影响在两个报告中体现出来：一是政府的年度财务报表在收益和现金方面，应符合国际会计准则（IPSAS）；二是政府财政统计，应符合国际统计标准 GFSM 2014。

值得注意的是，融资型 PPP 和提供资金型 PPP 的会计处理有所不同。当对政府账户进行 PPP 会计工作的时候，区分 PPP 项目的“付费”和“融资”方式是个关键问题。

PPP 项目的“付费”是指投资成本会随着时间的推移而进行偿还，以补偿那些为项目提供债务或权益的人（即私营合伙人）。最终，公共基础设施只能由基础设施的用户“付费”（例如直接向用户收过路费），或由纳税人进行支付（例如通过政府定期支付给私营合作伙伴）。基础设施用户资助的PPP项目被称为“用户付费型”；而由纳税人提供资金的项目则被称为“政府付费型”。

PPP项目的“融资”是指预付资金，以支付基础设施的设计、建造和早期运营阶段，无论是通过公共还是私人性质的债务或权益工具。这是理想的私营合作伙伴能提供的作用，即使政府可以提供某种类型的支持（例如公共股本、补贴和担保）。融资的提供者（即私营合伙人）决不会故意为基础设施项目提供资金；他们只会提供资金，并期望他们能得到偿还，包括期望能达到与他们承担的风险相称的回报率。

在政府账目中记录的PPP，最重要的是“付费”结构。一旦资产被政府控制，项目付费结构可能就会是由用户付费，或者是由政府付费，或者说是两者的混合形式，付费结构决定了对政府账务的影响（例如主要赤字和债务）。“融资”结构决定了私营人合伙人对项目的核算方式，这对了解项目的可行性很重要，但其不会直接影响到政府的账务。PFRAM既要求用户“付费”的PPP项目架构，又要进行相应的“融资”。付费用于估计项目周期不同阶段对政府财务报表和统计报告的影响；而融资用于估算项目整个生命周期中私人伙伴的现金流量。

第 7 章

中国 PPP 信息披露机制的现状与问题

近几年，我国 PPP 信息公开工作有序、平稳推进，财政部指定“政府和社会资本合作（PPP）综合信息平台”为 PPP 官方信息披露发布平台，先后发布多批 PPP 示范项目的信息公开，有效推进了 PPP 市场健康、规范发展。当前，我国 PPP 信息披露已经完成了自身技术平台的基础建设和基本制度构建，进入完善 PPP 信息透明度的新阶段。为塑造 PPP 长效机制，加强风险防控，财政部正着力推动 PPP 进入规范、有序的发展阶段，实现从“起飞”向“平飞”转型。从 2013～2016 年的“夯实信息基础能力建设”，到 2017 年的“用好新科技，提升透明度建设”，时任财政部副部长史耀斌指出了 PPP 信息披露机制的重要性和发展方向。财政部金融司王毅司长提出了切实加强风险防控、推动实现 PPP 持续健康发展的五件事。[①] 其中，有三件事与信息披露高度相关：“加快建立健全 PPP 财政支出责任统计监测体系”、“规范 PPP 项目公司的资本金管理，坚持穿透原则，改变高杠杆率的现状”、“加大信息披露力度，做到项目信息全流程公开透明”等。对此，笔者的理解是：第一，建立健全 PPP 项目财政支出责任统计监测体系的要求，基于财政承诺与财政风险的考虑，明确在承受能力之外的项目“不适则止”。第二，从财政监管高度，提出对项目公司资本金管理进行监管的“穿透原则”。以欧美 PPP 相关财务信息披露经验看，今后项目公司的财务信息披露要求将更严格。第三，PPP 健康发展必须基于政府对 PPP 的严格监管和适度的信息透明度，而信息披露是实现此项目标

---

① 财政部史耀斌副部长在第二届和第三届“中国 PPP 融资论坛”上的讲话。2017 年 11 月 1～2 日，财政部政府和社会资本合作中心（以下简称“财政部 PPP 中心”）和上海金融业联合会在上海国际会议中心联合举办“2017 第三届中国 PPP 融资论坛”。相关链接：http://www.cpppf.com.cn/NewsDetail_610.html；http://www.cpppf.com.cn/GuestsDialogueDetail_294.html。

的关键抓手。

7.1　中国PPP信息披露机制现状

推动PPP信息公开是规范PPP项目运作、转变政府职能、实现信息对称管理、提高公众参与度管理的重要手段。

7.1.1　信息披露的法律与政策

1. 法律层面

我国PPP的立法研究和立法正在加快推进。目前，《政府采购法》《招投标法》《合同法》《公司法》《仲裁法》等法律中均有PPP相关内容，其中涉及信息公开。

2. 法规层面

我国已发布一系列法规，对PPP信息公开作出具体要求（详见附表1）。

国务院办公厅转发财政部、发展改革委、人民银行《关于在公共服务领域推广政府和社会资本合作模式指导意见的通知》中指出，推广PPP模式要坚持公开透明的基本原则，实行阳光化运作，依法充分披露政府和社会资本合作项目等重要信息，保障公众知情权，对参与各方形成有效监督和约束。

2016年9月24日，财政部发布《政府和社会资本合作项目财政管理暂行办法》①，其中第三十六条②要求各级财政部门应做好PPP项目全生命周期信息公开工作。2017年1月23日，财政部发布《政府和社会资本合作（PPP）综合平台信息公开管理暂行办法》（以下简称“信息公开办

---

① 关于印发《政府和社会资本合作项目财政管理暂行办法》的通知。

② 第三十六条　各级财政部门应依托PPP综合信息平台，建立PPP项目库，做好PPP项目全生命周期信息公开工作，保障公众知情权，接受社会监督。项目准备、采购和建设阶段信息公开内容包括PPP项目的基础信息和项目采购信息，采购文件，采购成交结果，不涉及国家秘密、商业秘密的项目合同文本，开工及竣工投运日期，政府移交日期等。项目运营阶段信息公开内容包括PPP项目的成本监测和绩效评价结果等。财政部门信息公开内容包括本级PPP项目目录、本级人大批准的政府对PPP项目的财政预算、执行及决算情况等。

法”），加强和规范 PPP 信息公开工作，对已纳入 PPP 综合信息平台的 PPP 项目要求进行信息公开。[①] 3 月 1 日，该办法正式开始实施，从 PPP 的项目识别、项目准备、项目采购、项目执行、项目移交各个阶段均提出了具体信息公开的要求。

2017 年 7 月 24 日，国务院法制办发布通知，对《基础设施和公共服务领域政府和社会资本合作条例（征求意见稿）》（以下简称“条例征求意见稿”）公开征求意见。[②] 条例征求意见稿的第三十三条和第三十五条对 PPP 信息披露作出了规定。[③]

其中，第三十三条明确了只有属于“国家秘密”和“商业秘密”范围的文件可以例外，项目其他内容均需“依法公开”，信息披露由“政府有关部门”负责。第三十五条加强了信息披露的效力，严格“信用”记录，要求将 PPP 失信行为纳入全国统一的信用信息共享交换平台。条例征求意见稿一公开就备受关注，这两条法规也给我国 PPP 信息披露制度奠定了一定法律基础，然而，对于信息披露的统一性、强制性、时效性以及“国家秘密”与“商业秘密”的界定，此次条例征求意见稿未有更多规定。

PPP 信息公开制度的完善，一方面，源自 2013 年底国家大力推广运用 PPP 模式以构建完善的法制基础；另一方面，也有来自市场发展中存在的噪声和问题需要解决和规范的因素。随着 PPP 项目落地不断加快，一些地方泛化滥用 PPP，甚至借 PPP 变相融资等不规范操作的问题不断凸显，增大了地方政府隐性债务风险。2017 年 11 月为进一步规范 PPP 平台，财政部再次发文《关于规范政府和社会资本合作（PPP）综合信息平台项目管理的通知》，规范强调 PPP 信息公开的重要性（详见附表 2）。2018 年初，财政部根据《关于规范政府和社会资本合作（PPP）综合信息平台项目管理的通知》对在库 PPP 项目中的不规范项目进行了清理。截至 2018

---

① 关于印发《政府和社会资本合作（PPP）综合信息平台信息公开管理暂行办法》的通知，2017 年 1 月 23 日，财政部。相关链接：http：//jrs. mof. gov. cn/zhengwuxinxi/zhengcefabu/201701/t20170124_2526998. html。

② 条例征求意见稿由国务院法制办、国家发展改革委员会、财政部共同起草，包括总则、合作项目的发起、合作项目的实施、监督管理等七章、共 50 条，被业界高度关注并认为是我国 PPP 立法的实质性进展。相关链接：http：//www. chinalaw. gov. cn/art/2017/7/21/art _ 33 _ 205768. html。

③ 第三十三条　除涉及国家秘密、商业秘密外，政府有关部门应当依法公开合作项目发起、社会资本方选择、合作项目协议订立、绩效监测报告、中期评估报告、合作项目重大变更或者终止情况以及监督检查情况和结果等信息。

第三十五条　政府有关部门应当根据社会信用体系建设的有关要求，记录社会资本方、中介机构、项目公司及其从业人员的失信行为，并纳入全国统一的信用信息共享交换平台。

年4月23日，各地累计清理退库项目1695个、涉及投资额1.8万亿元；上报整改项目2005个、涉及投资额3.1万亿元。在管理库退库与整改、储备清单退出的项目中，未按规定进行信息公开的488个，占总项目的11.2%。

3. 市场规则层面

2016年12月21日，为推动政府和社会资本合作（PPP）项目融资方式创新，更好吸引社会资本参与，推进传统基础设施领域PPP项目资产证券化工作。国家发展改革委、中国证监会联合发布《关于推进传统基础设施领域政府和社会资本合作（PPP）项目资产证券化相关工作的通知》。根据相关要求，项目实施单位要严格执行PPP项目合同，保障项目实施质量，切实履行资产证券化法律文件约定的基础资产移交与隔离、现金流归集、信息披露、提供增信措施等相关义务，并积极配合相关中介机构做好PPP项目资产证券化业务尽职调查。

2017年6月19日，为规范发展PPP项目资产证券化业务，财政部、人民银行、证监会联合发布《关于规范开展政府和社会资本合作项目资产证券化有关事宜的通知》。根据相关要求，10月19日，上海证券交易所、深圳证券交易所和中证机构间报价系统股份有限公司同时发布《政府和社会资本合作（PPP）项目资产支持证券信息披露指南》。

7.1.2　信息披露业务指引

PPP信息披露指引，一般包括信息披露的具体内容、时间表要求、程序、相关机构及其职责分配等。从世界银行经验研究和资本市场发展的实践一般要求看，PPP信息披露指引，可根据信息披露主体不同分为两类：PPP项目的信息披露指引、以PPP项目为基础资产的资产支持证券的信息披露指引等。

1. PPP项目的信息披露指引

PPP项目方面，目前我国尚未发布与世界银行实践中相类似的、专门的“PPP项目信息披露指引”文件，暂由《政府和社会资本合作（PPP）综合平台信息公开管理暂行办法》在法规层面对相关内容进行了具体规定。

2. PPP 项目相关资产支持证券信息披露指引

PPP 项目资产支持证券方面，我国发布了专门的信息披露制度。这方面的先行，主要基于我国资产支持证券市场的长期发展的法制基础和市场规则。2017 年 10 月 19 日，上海证券交易所、深圳证券交易所和中证机构间报价系统股份有限公司同时发布《政府和社会资本合作（PPP）项目资产支持证券信息披露指南》。

在当前我国的资本市场中，PPP 项目资产支持证券，是指证券公司、基金管理公司子公司作为管理人，通过设立资产支持专项计划开展资产证券化业务，以 PPP 项目收益权、PPP 项目资产、PPP 项目公司股权等为基础资产或基础资产现金流来源所发行的资产支持证券。（详见附表 3）。

同时，PPP 项目相关资产支持证券的信息披露，还应遵循另外两方面的法规和自律规则：（1）信息披露各环节和载体的相关规定：《证券公司及基金管理公司子公司资产证券化业务信息披露指引》、沪深两家交易所的《资产证券化业务指引》；（2）自律规则：《资产支持专项计划备案管理办法》《资产证券化业务基础资产负面清单指引》①《资产证券化业务风险控制指引》等。

从前文相关信息披露法规看，我国 PPP 资产支持证券的信息披露发展良好并日臻规范。一是制度基础基本形成，从发行环节的计划说明书、法律意见书，到存续期间的评级报告、年度资产管理报告、托管报告、跟踪评级报告和重大事项，均有明确规定，全面且可行；二是按照不同产品大类进行了信息披露要求的具体划分，根据 PPP 资产支持证券特点出台了专门的信息披露指引文件；三是采用负面清单机制，对市场进一步发展给予充分空间；四是引入行业自律机制，借助行业自律的自我规范完善动力，不断提升信息披露的质量和效用；五是在信息披露机制中形成了标准化、规范化表格体系，为进一步借助金融科技进行数据化处理奠定了基础。

7.1.3 采购前信息披露

根据信息公开办法，采购前信息披露主要涉及项目识别阶段、项目准备阶段和项目采购阶段。

---

① 负面清单要求详见附表 4。

1. 项目识别阶段应公开的信息

项目识别阶段应当公开的 PPP 项目信息主要包括 3 类：

（1）项目实施方案概要。

（2）经财政部门和行业主管部门审核通过的物有所值评价报告。

（3）经财政部门审核通过的财政承受能力论证报告及其他基础资料。

2. 项目准备阶段应公开的信息

项目准备阶段应当公开的 PPP 项目信息主要包括以下 4 类：

（1）政府方授权文件。

（2）经审核通过的项目实施方案（含同级人民政府对实施方案的批复文件）。

（3）按经审核通过的项目实施方案验证的物有所值评价报告（如有）。

（4）财政承受能力论证报告（如有）。

3. 项目采购阶段应公开的信息

项目采购阶段的信息公开应遵照政府采购等相关规定执行，应当公开的 PPP 项目信息包括项目资格预审公告等：

（1）项目资格预审公告（含资格预审申请文件）及补充公告（如有）。

（2）项目采购文件、补遗文件（如有）。

（3）项目资格预审评审及响应文件评审结论性意见。

（4）资格预审专家、评审专家名单、确认谈判工作组成员名单。

（5）预中标和成交结果公告。

（6）中标与成交结果公告及中标通知书。

（7）项目采购阶段更新、调整的政府方授权文件（如有）。

（8）同级人民政府同意签署 PPP 项目合同的批复文件。

（9）已签署的 PPP 项目合同。

7.1.4　采购后信息披露

1. 项目执行阶段应公开的信息

根据信息公开办法，完成采购后，应在项目执行阶段、项目移交阶段

进行信息公开。项目执行阶段应当公开的 PPP 项目信息主要包括 13 类:

（1）项目公司信息（如有）。

（2）项目融资机构信息。

（3）社会资本或项目公司的运营情况（特别是出现重大经营或财务风险，可能严重影响到社会资本或项目公司正常运营的情况）及运营绩效达标情况。

（4）项目公司绩效监测报告与中期评估报告。

（5）项目重大变更或终止情况。

（6）项目定价及历次调价情况。

（7）项目公司财务报告。

（8）项目公司成本监审。

（9）PPP 项目合同的变更或补充协议签订情况。

（10）重大违约及履约担保的提取情况，对公众投诉的处理情况等。

（11）本级政府或其职能部门作出的对项目可能产生重大影响的规定、决定等。

（12）项目或项目直接相关方（主要是 PPP 项目合同的签约各方）重大纠纷、诉讼或仲裁事项，但根据相关司法程序要求不得公开的除外。

（13）本级 PPP 项目目录、本级 PPP 项目示范试点库及项目变化情况、本级人大批准的政府对 PPP 项目的财政预算、执行及决算情况等。

2. 项目移交阶段应公开的信息

项目移交阶段应当公开的 PPP 项目信息主要包括 7 类:

（1）移交工作组的组成、移交程序、移交标准等移交方案。

（2）移交资产或设施或权益清单。

（3）移交资产或权益评估报告（如适用）、性能测试方案。

（4）移交项目资产或设施上各类担保或权益限制的解除情况。

（5）项目设施移交标准达标检测结果。

（6）项目后评价报告（含对项目产出、成本效益、监管成效、可持续性、PPP 模式应用等进行绩效评价）。

（7）项目后续运作方式。

7.1.5 保密信息

《信息公开办法》第二十条对 PPP 项目涉及保密信息的情况，也有原则性规定，要求“涉及国家秘密、商业秘密、个人隐私、知识产权，可能会危及国家安全、公共安全、经济安全和社会稳定或损害公民、法人或其他组织的合法权益的，依照相关法律法规处理”。

7.1.6　标准合同条款

依据财政部政府和社会资本合作中心（PPP中心）工作职责第二条[①]，PPP中心应负责制定PPP操作指引、合同指南。目前，标准合同条款虽尚未发布，但为规范合同行为，财政部早在2014年即发布了《PPP项目合同指南（试行）》，为市场参与者提供理解合同、制订合同的标准参考。

2014年12月30日，财政部发布《关于规范政府和社会资本合作合同管理工作的通知》，首次向市场参与者发布《PPP项目合同指南（试行）》。指南共分4章29节，全面介绍了PPP项目合同体系、各主要参与方在PPP项目中的角色，以及订立相关合同的目的、合同主要内容、合同核心条款，分析了合同条款中的风险分担原则、基本内容和权利义务安排。

2017年9月6日，财政部PPP中心发布了《世界银行2017年版PPP合同条款指南》（Guidance on PPP Contractual Provisions 2017）的翻译稿。

7.1.7　信息披露平台

1. PPP项目信息披露平台——全国政府和社会资本合作（PPP）综合信息平台

2015年12月18日发布的《关于规范政府和社会资本合作综合信息平台运行的通知》要求，建立全国政府和社会资本合作（PPP）综合信息平台及项目库。同年，财政部搭建全国性PPP信息管理平台，应用“互联网+”技术实现线上统计、监管与信息分享三大功能。[②] 2016年8月15

---

① 详见财政部政府和社会资本合作中心（PPP中心）“中心简介”，相关链接：http://www.cpppc.org/zh/pppzxjj/index.jhtml。

② 财政部PPP工作领导小组副组长焦小平在“第一届中国PPP融资论坛”上的讲话报道“PPP在中国”，2015年12月4日，相关链接：http://www.cpppf.com.cn/GuestsDialogueDetail_193.html。

日，时任副部长史耀斌讲话，财政部将夯实信息基础能力建设。①

之后，各级财政部门依托互联网信息管理平台，通过分级授权，进行项目信息填报、审核、查询、统计和分析，发布PPP项目相关信息。平台设立三个数据库分类管理：项目库、机构库和资料库。②

2. PPP资产支持证券信息披露平台

2017年10月19日上海证券交易所、深圳证券交易所和中证机构间报价系统股份有限公司各自发布的《政府和社会资本合作（PPP）项目资产支持证券信息披露指南》，要求已发行的“PPP项目资产支持证券”进行信息披露，三个交易场所为PPP资产支持证券提供信息披露平台支持。

7.1.8 时间表

根据信息公开办法，PPP项目信息应按类型对应不同的时间表进行披露，公开方式分为“即时公开”和“适时公开”。③

每年2月28日前，财政部门应会同政府有关部门在完成上一年度本级政府实施的PPP项目信息公开年度工作报告，报送省级财政部门；

每年3月31日前，省级财政部门汇总上报至财政部。

所有报送入库的PPP项目，其信息提供方应在规定公开的试点，以要求的“公开方式”公布“公开内容”（见附表6）。

---

① 财政部史耀斌副部长在“第二届中国PPP融资论坛”上的讲话报道“深化改革创新，大力发展政府和社会资本合作事业”，2016年8月15~16日，相关链接：http://www.cpppf.com.cn/GuestsDialogueDetail_294.html。

② 其中，项目库用于收集和管理全国各级PPP储备项目、执行项目和示范项目信息，包括项目全生命周期各环节的关键数据；机构库用于收集和管理咨询服务机构与专家、社会资本、金融机构等参与方数据；资料库用于收集和管理PPP相关政策法规、工作动态、指南手册、培训材料和经典案例等。平台主要功能详见附表5“财政部PPP综合信息平台实现信息‘一网通’”。

③ 详见信息公开办法第10、11和12条。依据信息本身的性质与敏感程度，将信息公开的方式分为即时公开和适时公开两种方式。即时公开是指财政部门会同相关部门和项目实施机构等依据PPP项目所处的不同阶段与对应的录入时间要求，在PPP综合信息平台录入本办法规定的相关信息时即自动公开。适时公开是指在录入本办法规定的相关信息时不自动公开，而是由财政部门会同相关部门选择在项目进入特定阶段或达成特定条件的某一时点后再行公开。除本办法另规定外，项目识别、准备、采购阶段的信息，由财政部门会同相关部门选择在项目进入执行阶段后6个月内的任一时点予以公开；项目执行阶段的信息，由财政部门会同相关部门选择在该信息对应事项确定或完成后次年的4月30日前的任一时点予以公开。前述期限届满后未选择公开的信息将转为自动公开。为提升信息公开的及时性和可操作性，《办法》根据公开内容逐一明确了公开方式及具体公开时点要求。资料来源：政府和社会资本合作（PPP）综合信息平台信息公开管理暂行办法解读，中国政府采购网，2017年2月4日，相关链接：http://www.ccgp.gov.cn/news/201702/t20170204_7901336.htm。

7.1.9 PPP大数据

财政部全国PPP综合信息平台是目前我国PPP项目数据的官方指定发布平台，该平台所发布的数据，可通过增强数据的智能分析功能，挖掘数据的潜在价值，推动信息服务升级。①

一是针对PPP项目，实现数据及时收集、定期发布。财政部通过PPP综合信息平台的综合功能和互联网终端优势，及时有效汇总全国数据，编制PPP项目库季报、半年报和年报，将入库和落地情况、地区与行业分布、回报机制、民企参与等多维度开展数据统计发布与数据分析，为政府决策和市场参与提供重要参考。

二是针对专家智库，实现用户反馈与平台升级迭代完善。具体措施包括：定期组织召开PPP综合信息平台对口联系人会议，了解地方实际需求；在项目库登录界面增设项目统计图表，便于地方直观了解辖区内项目总体情况；在专家库入库申请环节，建立专家推荐和随机匿名评审机制，确保入库专家质量；在咨询机构库设置委托方评价功能，强化咨询机构服务质量监督；等等。

同时，PPP大数据的潜在价值得到了数据科技服务商、金融机构等市场机构的高度关注。相关机构也基于政府信息公开数据，紧密结合市场需求，积极开展大数据研究分析，发布了一系列研究报告。以北京明树数据科技公司为例，该公司专注于PPP大数据服务，通过中英双语数据平台，向用户提供PPP相关数据汇总、查询及数据分析服务，包含交易、产业链、资产数据和融资等综合信息，发布主题分析报告，一站式汇集PPP领域数据、资讯、学术论文、国际报告和百科知识等信息。

7.1.10 小结

综前文所述，经过一年多的运行，我国PPP信息公开政策的出台，为监管部门提供了更有效的政府治理工具。大数据平台功能与专家库职能相辅相成的PPP综合信息平台，作为抓手非常有利于政策制定者收集和分析利益相关用户和信息受众的行为，从而进一步理解发挥引导社会资本主

① 资料来源：《财政部PPP信息公开工作显成效》，2017年12月6日。

体、引导投融资方向等政策效果。然而，从政府透明度、政府预算与债务管理、财政风险等更高的政策目标看，我国的 PPP 信息披露机制距离政策需要还有诸多亟待完善之处，未来还有较长的一段路要走。

7.2 中国 PPP 信息披露机制的主要问题

世界银行 PPP 信息披露经验和英国的 PPP 信息披露实践，从法律基础、财政风险、统计等视角，给予实践 PPP 的各个国家一个更具指导性和可行性的思路，这对于形成 PPP 的长效机制十分关键。从中国 PPP 信息披露实践看，由于我国 PPP 总体推进较快，确实存在着一些与发展要求不匹配的不足之处。参照国际经验，并结合我国 PPP 发展现状，笔者认为，中国 PPP 信息披露机制存在的主要问题包括：

7.2.1 法律基础有待夯实

首先，法律层面政府缺少透明度较高的专门法律，在已发布的 PPP 法规的征求意见稿亦未能对信息公开给予更明确的要求；同时，对于已出台的法规，各级政府、社会资本参与主体对 PPP 信息披露的认识、用途各不相同，还需进一步讨论。

其次，对保密信息的定义和范围界定比较宽泛。一是保密的领域和要素不明确，理解和执行有一定难度，可能造成利用“保密信息”的“泛化”和“不当”，也可能因理解差异而形成争议；二是缺乏审计的相关具体要求，审计范围和时间点需进一步明确；三是未规定不同类型保密信息的具体期限；四是未包含对环境影响、公众参与等公共评估要求。

7.2.2 PPP 信息披露指引缺位

虽然并没有研究表明信息披露指引存在的必要性，例如，是否对提升 PPP 项目的有效性有直接影响，或缺乏信息披露业务框架是否会导致 PPP 信息披露的完整性，但是，从世界银行总结各国 PPP 信息披露看，信息披露指引对于统一利益相关方和公众对 PPP 项目中需披露的各类信息的认识和理解至关重要。

PPP信息披露指引的暂时缺位，可能使得地方政府、社会资本方等执行主体对信息披露的具体要求理解不一致。这种理解的差异化，可能导致：（1）信息公开的执行层面上出现多样化的报送规范和内容；（2）对监管机构而言，增大了监管难度，增加了监管成本；（3）对市场参与者而言，差异化理解可能导致的潜在制度风险，增加了潜在的交易成本；（4）弱化了公众监督的效果。

7.2.3　PPP信息公开的要求亟待完善

按照财政部PPP信息公开要求，PPP采购后信息披露内容比较丰富，与世界银行建议相比较，已覆盖了大部分应披露的范围和内容。但有些方面也尚待完善和加强，对照情况如表7－1所示。

表7－1　世界银行PPP信息披露框架要求与我国相关政策要求比较

序号	世界银行PPP信息披露框架要求	我国PPP信息公开政策要求
1	详细的项目基本信息	有
2	全面风险治理分析	形式上有风险分析，无统一标准，待细化
3	选择PPP项目形式的数量和质量分析	有，待细化
4	政府支持信息（保证、补助、土地、权益、服务提供等）	有
5	融资信息（融资结构、估算、特定合同类型下的实际收入情况、预测和实际资产回报）	有
6	税务信息（税收模型、税务评估和监管）	无
7	绩效信息（实际目标绩效报告、相关合同条款下的损失报告、独立工程师或审计报告、用户反馈与调查报告等）	有
8	合同终止信息（终止条款与移交条款）	有
9	重新谈判或变更信息（变更的细节、对成本的影响、财政承诺与或有负债、风险分布、税金及其支付、服务内容和水平等）。	有，待完善

资料来源：笔者根据世界银行、我国财政部PPP信息披露有关政策进行整理。仅作说明情况参考，可能存在疏漏之处，待逐步完善。

综上，我国 PPP 项目的采购后信息披露从形式上已基本接近国际标准，除了“税务信息”以外，其他相关内容都已有所要求，但是规范性、标准化程度还不够高。表现在几个方面：

第一，税务信息缺失，不利于 PPP 财务测算和物有所值评价。据不完全了解，目前不少项目的做法是“一刀切”固定税率进行预估，可能在项目采购完成后发生财务争议、税收争议，如影响到项目实施甚至会导致法律争端。

第二，PPP 合同指南中的信息公开要求有待完善。当前公布的合同指南是三年之前编写的，随着 PPP 的规范性和标准化程度不断提高，合同指南也有待完善；此外，已发布的世界银行合同条款指南，其在中国的适用性有待进一步研究。

第三，PPP 信息公开未划分行业类别要求。

第四，对 PPP 项目债权、股权为交易标的的二级市场缺乏具体的 PPP 信息公开要求。

第五，财政风险的评估不足。财政方面，仅有财政承受能力与物有所值两项评估，尚缺乏财政风险、宏观经济风险的评估等方面的专门的风险评估报告。

第六，PPP 信息公开的时间表和监督机制有待完善。当前绝大多数 PPP 项目的采购前信息披露注意到了私人资本方和公众的关注点，但是公布的审批时间表和流程、关于项目进度的计划方面大多比较笼统，还不够清晰明确。

信息提供方包括项目发起方、实施机构、项目公司等三类，而各级政府对信息公开负有监管和监督责任，由于 PPP 信息披露内容的复杂性导致规范性和标准化程度不高，可能在信息公开过程中存在不能按时履行披露责任、披露内容审核不足、披露文件不规范等问题。

7.2.4 基于财政监管要求的信息化程度不高

数据库基础方面。平台的功能以信息收集和汇总为主，文本性信息较多，平台信息的收集和发布以 PDF 文件为主，电子化和自动化程度较低。数据标准方面，还缺乏一整套针对信息用户和用途设计的统计指标和监测指标体系。

由于 PPP 本身的复杂程度、运作方和利益相关方较多，迫切需要一个用户界面更加友好的自动化、智能化综合信息平台，以加强财政监管的规范化要求，同时应对项目全生命周期各环节不同用户的需求。

7.3 完善中国PPP信息披露机制的政策建议

PPP体现了公私双方在基础设施项目过程中的长期合作关系，合作中有利益共享，也有风险共担，充分、可持续的信息披露机制能够有效降低项目识别、建设、运营和移交等各阶段双方所面临的不确定性，是参与各方能够有效共同治理、保障收益的前提和基础，通过完善PPP信息披露机制倒逼，规范PPP参与各方的行为。各国政府推进PPP的信息披露机制发展，需要得到三个方面的制度保障：一是公私部门对增强PPP信息透明度达成的共识；二是相关信息披露立法的保障；三是具体实践指引的落地。

目前，我国从这三个方面的发展看都尚处于“初级阶段”，PPP相关立法还处于激烈的讨论阶段，其界定和识别亟待统一认识，同时，项目运作和监管的实践经验与发达国家还有差距，信息披露相关能力建设方面还需提升。同时，也正由于我国PPP相关法律和政策尚未形成成熟体系，给我们提供了构建和发展PPP信息披露机制的最佳窗口期，可以在充分吸收国内外PPP实践经验的基础上，完善PPP信息披露框架，稳步推进PPP信息披露机制的整体建设。为此，笔者提出几点建议：

1. 提升政府透明度与公信力，增强政府治理和监管能力

PPP信息披露是政府公信力、财政透明度的重要组成部分，完善PPP信息披露机制是提升政府公信力、防止腐败的重要措施。

从政府工具理论视角，信息能够成为一种达成政策的有效工具。政策的有效程度，取决于两方面因素：一是由于政府预先并不掌握所有达到有效治理目标所需要的信息，因而通过制定信息披露政策将这些信息开放给相关社会主体或公众。然后，政府再通过收集相关社会主体对披露的信息进行评估、研究和报告，进一步提升治理的效能、增强监管的效力，从而达到有效降低风险、实现更优选择的政策目标。二是信息披露政策的效果很大程度上取决于受众对信息的理解和运用，包括受众群体的定位、有用信息的选择、受众处理信息的方式、信息呈现的方式和场景等。

2. 推进 PPP 信息公开相关立法，夯实法制基础

夯实法制基础，主要包括几个方面：

一是应加快推进 PPP 立法，夯实 PPP 信息披露法律基础，以“共治”理念完善 PPP 监管体系。以“共治”的理念统一认识，推进 PPP 专门立法，把 PPP 放在阳光下，使参与各方都能够得到实惠，互惠发展。立法的根本目标就是化解不确定性，降低不确定性的程度，通过法律的规范和约束，界定职能部门的权力范围、明确相关主体的权责利，使老百姓、政府、社会资本的行为、风险和收益都可预期。[①] 在“共治”的理念下，组织 PPP 参与各方充分沟通，统一认识，统一理解，先行搭建有效的内部指引，为立法奠定良好的业务基础；

二是通过立法将 PPP 信息披露的主体、权责、范围以及保密条款等明确在法律中，建立支持主动信息披露业务框架的法律法规，逐步形成上下各层面统一协调的信息披露体系，以信息披露为抓手，不断完善 PPP 监管与治理体系，有效发挥 PPP 模式优势，为公众提供优质公共服务提供重要保障。

三是完善“保密信息”的法律依据、定义和范围的界定等关键点，引入负面清单机制，防范利用“保密信息”不进行披露的“钻空子”情况、争端情况发生，防范相关法律风险。目前，《信息公开办法》第二十条对 PPP 项目涉及保密信息的情况分为“涉及国家秘密、商业秘密、个人隐私、知识产权，可能会危及国家安全、公共安全、经济安全和社会稳定或损害公民、法人或其他组织的合法权益”等几种情况，应对这几种情况依法进行细分界定。

四是增加“税务信息”的信息披露要求，增强 PPP 税收透明度研究，加强税收征管和纳税服务，防范税收流失风险。

3. 基于提质增效和降成本，完善和规范我国 PPP 信息披露业务指引

信息公开相关部门法规为我国 PPP 信息披露机制奠定了坚实的法律基础，在此基础上，应尽快发布更详细的信息披露业务指引。

一是满足政府对 PPP 治理、风险监测和市场监管的需要。信息缺乏是 PPP 项目主要风险之一，它直接影响了政府在债务管理、预算管理和宏观

---

① 刘尚希：“多元共治”破解 PPP 立法难［E］. 经济参考网，2016 年 2 月 28 日，http：//jjckb. xinhuanet. com/2016 -02/28/c_135138472. htm.

经济的预测分析结果。因此，政府在建立专门的PPP整体信息披露框架时，应将包括政策战略制定、项目分析、交易管理、合同管理、监测执行与信息披露等一系列的相关信息披露主题和披露范围界定清晰，以实现对PPP整体工作的质量控制、政策制定协调、技术支持、标准化与传播及市场推广①。

二是基于披露信息的用户与用途，完善信息披露数据标准。对信息披露的各责任主体、具体内容、时间表、时效性等作出统一、标准的规范要求。

另外，在相关文件中，进一步明确各级政府对项目发起方、实施机构、项目公司等三类信息提供方的监管责任和考核要求，防范不按时履行披露责任、披露内容审核不足、披露文件不规范等操作风险。

4. 基于我国信息披露政策的总体目的，结合信息用户和用途完善信息披露要求

PPP数据的用途和用户群体都相对复杂。信息披露如果能提供更有针对性的信息，则可能发挥更大的价值——促进私人资本之间、政府与公众之间、私人资本股东之间的有效沟通，增强政府对PPP的治理能力。因此，信息披露所要求的数据首先是符合我国信息披露政策的总体要求，如政府信息透明度、公信力和穿透监管要求，同时，在此基础上，应结合信息用户和用途来完善信息披露要求。相关信息用户包括：监管部门、政府方、私营伙伴方（含投标方）、投资者、服务使用方、官方披露平台、评级机构、主流和交易媒体、公众、市场相关从业者、咨询机构，以及科研机构和智库的研究人员。

在监管和监督层面，相关信息被用于监管目的的监测和报告，以及公众监督；在市场层面，信息被用于招投标、项目可行性和物有所值论证，以及持续效益分析、投后管理、信用评级、风险管理等领域；在研究层面，信息被广泛用于学术研究、市场投研等方面。

5. 基于财政风险考虑，完善监测指标体系和评估工具

对财政风险、债务风险、宏观经济风险等风险评估的要求，以及环境保护评估、公众参与情况等评估的要求，尚未作出强制性项目监管及信息

---

① 贾英姿. 科学合理界定政府在PPP中的角色和责任［N］. 中国证券报，2015年11月23日.

披露。由于PPP项目周期长、运营复杂程度高，其中长期财政风险和宏观经济风险的评估缺位尤其令人担忧。在增强和规范PPP透明度过程中，应尽快出台有关文件，增加对上述评估文件的强制性要求，督促各利益相关方对风险有尽可能足够的认识、识别能力和治理能力。

如世界银行研究及其PPP财政风险评估工具PFRAM所示，PPP的复杂性挑战了一般意义上的风险治理框架和模型，其不确定性更大。已有不少研究成果论及PPP财政风险（含债务风险），借鉴世界银行11类财政风险预警指标体系的实践，我国也应尽快研究建立一套基于PPP信息披露的财政风险监测指标体系，对PPP项目进行全生命周期的评估，及时发现、主动识别和动态预警相关财政风险，并不断完善指标体系，将财政风险治理作为保障PPP长效机制的基础性政策。

建立基于披露信息的财政风险监测指标体系，将信息披露机制与财政风险评估紧密结合在一起，可谓是“信以致用”，使得信息披露从根本上服务于政府监管层，也服务于各类用户的监督目标。中短期内，至少可发挥三个方面的作用：一是评估，评估项目的财政可行性、可用性；二是测算，根据国际公共部门会计标准进行财务测算，推断其财政成本和影响；三是分析，PPP项目特定变量纳入宏观经济中做敏感性分析和风险敞口分析。

总之，可利用该指标体系有效地应用经济数据和PPP数据对财政风险进行量化分析和直观展示。虽然它不能代替一个完整的财务和经济项目评估，也无法评估项目投资组合，但至少为监管部门提供了一个有效利用已有信息的工具。

6. 基于信息技术，提升信息公开平台的综合能力

PPP信息披露的复杂性对执行层面提出了较大挑战，国际经验表明，大量文本类型的披露文件既产生了成本高企的问题，亦不利于政府监管和风险治理，应尽可能数据化，政府充分利用当前先进的大数据、区块链等监管科技，搭建基于互联网技术的统一信息披露平台，将财政承受能力测算、财务测算、物有所值、财政风险、宏观经济风险等指标体系和模型嵌入平台功能中，综合提升PPP监管的自动化和智能化程度，持续降低信息披露的成本，对PPP的健康发展和长效机制至关重要。一方面，为参与各方提供口径统一、及时准确、安全便捷的法律法规、政策信息、业务模板、数据来源；另一方面，逐步推进PPP大数据的智能化，发展基于PPP

大数据的PPP智能信息披露，促进PPP健康发展生态，在此基础上，研究智库、社会数据企业能够及时接入数据，深化PPP研究，为政府提供更多有利于PPP稳健发展、风险治理的研究报告。

综上，在“互联网+”行动中，政府信息技术的进化提升了PPP治理和监管能力，同时也对治理标准和政策效果提出了更高要求。在互联网作为重要基础设施的今天，技术之于经济，不再只是一种提高效率的自动化处理方式，而是已经与经济深度融合，在不断迭代中走向智能化，技术的基因加入经济，推动了经济的进化。大处着眼，小处着手，PPP经济复杂性和长期性的特征，尤其适用于区块链和人工智能等新技术应用其中，从技术着手，最大限度地降低信用风险、操作风险和财政风险等问题。

附　录

附表 1　　PPP 项目信息公开的法制基础

政策名称	发布时间	主要工作内容
《政府采购法》《招投标法》《合同法》《公司法》《仲裁法》等法律		PPP 相关内容，涉及信息公开，但无具体要求
国务院办公厅转发财政部、发展改革委、人民银行《关于在公共服务领域推广政府和社会资本合作模式指导意见的通知》	2015 年	推广 PPP 模式要坚持公开透明的基本原则，实行阳光化运作，依法充分披露政府和社会资本合作项目重要信息，保障公众知情权，对参与各方形成有效监督和约束。PPP 改革是一项推进国家治理体系和治理能力现代化的重大制度创新和体制机制的变革
财政部《政府和社会资本合作项目财政管理暂行办法》	2016 年 9 月 24 日	第三十六条要求各级财政部门应做好 PPP 项目全生命周期信息公开工作
国家发展改革委、中国证监会《关于推进传统基础设施领域政府和社会资本合作（PPP）项目资产证券化相关工作的通知》	2016 年 12 月 21 日	推动政府和社会资本合作（PPP）项目融资方式创新，更好吸引社会资本参与，推进传统基础设施领域 PPP 项目资产证券化工作。根据相关要求，项目实施单位要严格执行 PPP 项目合同，保障项目实施质量，切实履行资产证券化法律文件约定的基础资产移交与隔离、现金流归集、信息披露、提供增信措施等相关义务，并积极配合相关中介机构做好 PPP 项目资产证券化业务尽职调查
国资委《关于推进中央企业信息公开的指导意见》	2016 年 12 月 30 日	落实国有企业改革总体部署，以促进中央企业依法合规经营、提高公司治理水平为目标，以建立完善中央企业信息公开体制机制为重点，积极稳妥推进中央企业信息公开工作，努力打造适应市场化、现代化、国际化发展需要的法治央企、阳光央企。主要任务包括：全面梳理企业信息公开要求、依法确定主动公开的信息内容、严格规范信息公开工作程序、加强信息公开工作保密审查、开展信息公开风险评估工作，以及完善信息公开载体和形式等
《PPP 综合信息平台信息公开管理暂行办法》	2017 年 1 月 23 日	推进 PPP 项目信息公开。加强和规范 PPP 信息公开工作，对已纳入 PPP 综合信息平台的 PPP 项目要求进行信息公开

续表

政策名称	发布时间	主要工作内容
《关于规范政府和社会资本合作（PPP）综合信息平台项目库管理的通知》	2017 年 11 月 10 日	再次强调了 PPP 信息披露的重要性，明确规定“未按规定进行信息公开”的已入库项目应集中予以清退
《财政部 PPP 专家库管理办法》《PPP 咨询机构库管理暂行办法》	2016 年、2017 年	加强中介服务信息公开。公布专家库和咨询机构库的入库条件、申报程序，开放入库专家和咨询机构信息查询功能，建立动态管理机制和黑名单制度，主动接受服务对象和社会各界监督
文化和旅游部、财政部《关于在文化领域推广政府和社会资本合作模式的指导意见》	2018 年 11 月 13 日	为深化文化领域供给侧结构性改革，推动政府职能转变，创新文化供给机制，引导社会资本积极参与文化领域政府和社会资本合作（PPP）项目。根据相关要求，应强化信息公开。各级文化、财政部门要依托政府和社会资本合作综合信息平台，做好文化 PPP 项目全生命周期信息公开工作，及时、完整、准确地录入文化 PPP 项目信息，提高信息对称性，增强社会资本信心，让项目阳光运营

资料来源：财政部 PPP 信息公开工作显成效［E］. 中华人民共和国中央人民政府网站，2017 年 12 月 6 日，http：//www. gov. cn/xinwen/2017 - 12/06/content_5244847. htm，本书引用日期 2018 年 1 月 26 日 .

附表 2　　财政部规范 PPP 综合信息平台项目库管理的主要举措

主要举措	相关要求
主要内容	2017 年 11 月 10 日，财政部发布了《关于规范政府和社会资本合作（PPP）综合信息平台项目库管理的通知》，文件要求应贯彻 PPP 以运营为核心、以绩效为导向的理念，明确规定“未按规定进行信息公开”的已入库项目应集中予以清退，以 PPP 综合信息平台项目库管理为抓手，进一步规范 PPP 项目运作，推动 PPP 回归创新公共服务供给机制的本源，促进 PPP 事业可持续发展
实行分类管理	项目库按阶段分为储备清单和项目管理库，储备清单内的项目重点用于孵化和推介，项目管理库内的项目要接受严格监管，确保全生命周期规范运作
统一新项目入库标准	明确不适宜采用 PPP 模式实施、前期准备工作不到位、未建立按效付费机制的项目不得入库，提升入库项目质量。明确下一步政策方向，即优先支持通过 PPP 模式盘活存量公共资产，审慎开展政府付费项目，防止财政支出过快增长，突破财政承受能力上限
组织开展已入库项目集中清理	组织各地财政部门将操作不规范、实施条件不具备、信息不完善的项目清理出库，推动各地建立健全专人负责、持续跟踪、动态调整的常态化管理机制，提升项目库信息质量和管理水平

资料来源：《关于规范政府和社会资本合作（PPP）综合信息平台项目库管理的通知》解读［E］. 财政部网站，2017 年 12 月 1 日。相关链接：http：//jrs. mof. gov. cn/zhengwuxinxi/zhengcejiedu/201711/t20171130_2763087. html.

附表 3　　PPP 项目资产支持证券信息披露指南的三类基础资产

基础资产类型	资产范围
PPP 项目收益权	是在基础设施和公共服务领域开展政府和社会资本合作过程中，社会资本方（项目公司）与政府方签订 PPP 项目合同等协议，投资建设基础设施、提供相关公共产品或服务，并依据合同和有关规定享有的取得相应收益的权利，包括收费权、收益权、合同债权等。PPP 项目收益主要表现形式为使用者付费、政府付费或可行性缺口补助等
PPP 项目资产	是指在基础设施和公共服务领域开展政府和社会资本合作过程中，社会资本方（项目公司）与政府方签订 PPP 项目合同等协议，并依据合同和有关规定享有所有权或用益物权的项目设施或其他资产，包括项目公司运营所需的动产（机器、设备等）、不动产（土地使用权、厂房、管道等）等
PPP 项目公司股权	是指在基础设施和公共服务领域开展政府和社会资本合作过程中，社会资本方出资组建项目公司开展 PPP 项目的实施，并依据股东协议和项目公司章程等享有的资产收益、参与重大决策和选择管理者等权利

附表 4　　资产支持专项计划基础资产负面清单

1	以地方政府为直接或间接债务人的基础资产。但地方政府按照事先公开的收益约定规则，在政府与社会资本合作模式（PPP）下应当支付或承担的财政补贴除外
2	以地方融资平台公司为债务人的基础资产。本条所指的地方融资平台是指根据国务院相关文件规定，由地方政府及其部门和机构等通过财政拨款或注入土地、股权等资产设立，承担政府投资项目融资功能，并拥有独立法人资格的经济实体
3	矿产资源开采收益权、土地出让收益权等产生现金流的能力具有较大不确定性的资产
4	由下列情形之一的与不动产相关的基础资产：（1）因空置等原因不能产生稳定现金流的不动产租金债券；（2）待开发在建占比超过 10% 的基础设施、商业物业、居民住宅等不动产或相关不动产收益权。当地政府证明已列入国家保障房计划并已开工建设的项目除外
5	不能直接产生现金流，仅依托处置资产才能产生现金流的基础资产。如提单、仓单、产权证书等具有物权属性的权利凭证
6	法律界定及业务形态属于不同类型且缺乏相关性的资产组合，如基础资产中包含企业应收账款、高速公路收费权等两种或两种以上不同类型资产
7	违反相关法律或政策规定的资产
8	最终投资标的为上述资产的信托计划收益权等基础资产

资料来源：转引自冯光华等编著．中国资产证券化市场发展报告 2016［M］．北京：中国金融出版社，2016（3）．

附表5　　财政部PPP综合信息平台实现信息“一网通”

主要成效	具体内容
综合评价	•PPP是一个市场化的公共服务供给机制 •需与市场化相适应的管理手段和服务能力 •为加强PPP项目管理，服务PPP统一市场建设 •综合信息平台的特点可以概括为“一条通道”、“两个平台”、“三项功能”和“四大数据库”
一条通道	建立一条贯通“中央－省－市－县”各级财政部门的PPP项目信息采集和管理通道，通过市县录入、省级审核、中央归总的方式，实现项目信息资料的分点上传和统一归集
两个平台	•搭建两大平台：信息发布平台+信息管理平台 •信息发布平台公开发布PPP政策法规、工作动态、项目合作以及知识分享等信息 •信息管理平台为内部管理平台，通过分级授权方式，方便各级财政部门对辖区内PPP项目信息进行跟踪管理，实时了解进展情况
三项功能	综合信息平台主要发挥三大功能： •项目管理：为中央有关部门和地方各级政府提供PPP项目动态管理的工具 •交易撮合：为各类市场主体提供项目对接和业务联系的媒介 •信息服务：为政府管理和市场投资提供多样化的大数据分析服务
四大数据库	依托综合信息平台建设四大核心应用数据库： •项目库：用于收集和管理全国PPP项目的关键信息和资料 •专家库：用于收集和管理专家信息 •机构库：用于收集和管理咨询机构、社会资本、金融机构等各参与方信息 •资料库：用于收集和管理PPP相关政策法规、工作动态、指南手册、培训材料和经典案例等信息

资料来源：财政部PPP信息公开工作显成效［E］. 中华人民共和国中央人民政府网站，2017年12月6日，http：//www.gov.cn/xinwen/2017－12/06/content_5244847.htm，本书引用日期2018年1月26日.

注：详见“关于印发《政府和社会资本合作（PPP）综合信息平台信息公开管理暂行办法》的通知”，2017年1月24日。

附表 6 PPP 项目信息公开要求

项目所处阶段	公开内容	公开方式	公开的时点	信息提供方
项目识别	项目概况、项目合作范围、合作期限、项目运作方式、采购社会资本方式的选择	即时公开	实施方案编制完成之日起10个工作日内	项目发起方
	交易结构（含投融资结构、回报机制、相关配套安排）、项目产出说明和绩效标准、风险分担框架、合同体系、监管体系	适时公开	进入项目执行阶段后6个月内	项目发起方
	物有所值定性评价指标及权重、评分标准、评分结果	即时公开	报告定稿之日起10个工作日内	
	物有所值评价通过与否的评价结论（含财政部门会同行业部门对报告的审核意见）	即时公开	实施方案批复文件下发后10个工作日内	
	审核通过的物有所值评价报告（含财政部门对报告的批复文件）	适时公开	进入项目执行阶段后6个月内	
	本项目以及年度全部已实施和拟实施的 PPP 项目财政支出责任数额及年度预算安排情况，以及每一年度全部 PPP 项目从预算中安排的支出责任占一般公共预算支出比例情况	即时公开	实施方案批复文件下发后10个工作日内	
	财政承受能力论证的测算依据、主要因素和指标	即时公开	报告定稿之日起10个工作日内	
	通过财政承受能力论证与否的结论	即时公开	实施方案批复文件下发后10个工作日内	
	审核通过的财政承受能力论证报告（含财政部门对报告的批复文件）	适时公开	进入项目执行阶段后6个月内	

续表

项目所处阶段	公开内容	公开方式	公开的时点	信息提供方
项目识别	新建或改扩建项目建议书及批复文件	适时公开	进入项目执行阶段后6个月内	实施机构
	可行性研究报告（含全套支撑性文件）及批复文件，设计文件及批复文件（如适用）	适时公开	进入项目执行阶段后6个月内	实施机构
	存量公共资产或权益的资产评估报告，以及存量资产或权益转让时所可能涉及的各类方案等（如适用）	适时公开	进入项目执行阶段后6个月内	实施机构
项目准备	政府方授权文件，包括对实施机构、PPP项目合同的政府方签约主体、政府方出资代表（如适用）等的授权	即时公开	授权后10个工作日内	项目所在地本级政府
	项目概况、项目合作范围、合作期限、项目运作方式、采购社会资本方式的选择	即时公开	进入采购程序后10个工作日内	实施机构
	交易结构（含投融资结构、回报机制、相关配套安排）、项目产出说明和绩效标准、风险分担框架、核心边界条件、合同体系、监管体系	适时公开	进入项目执行阶段后6个月内	实施机构
	政府对实施方案的审核批复文件	即时公开	批复文件下发后10个工作日内	实施机构
	审核通过的项目实施方案及修正案	适时公开	进入项目执行阶段后6个月内	实施机构

续表

项目所处阶段	公开内容	公开方式	公开的时点	信息提供方
项目采购	项目资格预审公告（含资格预审申请文件）	即时公开	资格预审公告发布后 10 个工作日内	实施机构
	项目采购文件、补遗文件（如有）	适时公开	进入项目执行阶段后 6 个月内	实施机构
	资格预审评审报告及相应文件评审报告中专家组评审结论性意见，附资格预审专家和评审专家名单	适时公开	进入项目执行阶段后 6 个月内	采购监管机构
	确认谈判工作组成员名单	适时公开	进入项目执行阶段后 6 个月内	实施机构
	预中标及成交结果公告；中标、成交结果公告及中标通知书	即时公开	依法律规定及采购文件约定	实施机构、采购监管机构
	已签署的 PPP 项目合同	适时公开	进入项目执行阶段后 6 个月内	实施机构
	PPP 项目合同核心条款，应包括主要产出说明、绩效指标回报机制、调价机制	即时公开	项目合同经人民政府审核通过后 10 个工作日内	实施机构、项目公司
	本项目政府支出责任确认文件或更新调整文件（如适用），以及同级人大（或人大常委会）将本项目财政支出责任纳入跨年度预算的批复文件（如适用）	适时公开	进入项目执行阶段后 6 个月内	实施机构
	项目采购阶段调整、更新的政府方授权文件（如有）	即时公开	项目合同经人民政府审核通过后 10 个工作日内的附件依据相关法律规定公开	实施机构

续表

项目所处阶段	公开内容	公开方式	公开的时点	信息提供方
项目执行	项目公司设立登记、股东认缴及实缴资本金情况、增减资（如适用）	即时公开	设立时及资本金到位后10个工作日内	项目公司
	融资额度、融资主要条件及融资交割情况	适时公开	对应事项确定或完成后次年的4月30日前	项目公司
	项目施工许可证、建设进度、质量及造价等与PPP项目合同的符合性审查情况	即时公开	依据PPP项目合同约定；如PPP项目合同未约定时，则在对应活动结束后次年的4月30日前予以公开	实施机构 项目公司
	社会资本或项目公司的年度运营情况及运营绩效达标情况	即时公开	依据PPP项目合同约定；如PPP项目合同未约定时，则在对应活动结束后次年的4月30日前予以公开	项目公司
	项目公司绩效监测报告、中期评估报告、项目重大变更或终止情况、项目定价及历次调价情况	即时公开	依据PPP项目合同约定；如PPP项目合同未约定时，则在对应活动结束后次年的4月30日前予以公开	实施机构
	项目公司成本监审、所有的PPP合同修订协议或补充协议	适时公开	对应活动结束后次年的4月30日前	实施机构 项目公司
	项目公司财务报告相关内容，包括项目收费情况，项目获得的政府补贴情况，项目公司资产负债情况等	适时公开	对应活动结束后次年的4月30日前	项目公司
	重大违约及履约担保的提取情况，对公众投诉的处理情况等	即时公开	发生之日起10个工作日内	实施机构
	本级政府或其职能部门作出的对项目可能产生重大影响的规定、决定等	即时公开	规定及决定下发后10个工作日	实施机构

续表

项目 所处阶段	公开内容	公开方式	公开的时点	信息提供方
项目 执行	项目或项目直接相关方重大纠纷、涉诉或涉仲情况	即时公开	除本办法另有规定外，发生后 10 个工作日内	项目公司
	本级 PPP 项目目录、本级 PPP 项目示范试点库及项目变化情况、本级人大批准的政府对 PPP 项目的财政预算、执行及决算情况等	即时公开	依法律规定（如有）公开或每季度公开	
项目 移交	移交工作组的组成、移交程序、移交标准等移交方案	即时公开	移交方案确定后 10 个工作日内	实施机构
	移交资产或设施或权益清单、移交资产或权益评估报告（如适用）、性能测试方案	即时公开	清单或报告定稿或测试完成后 10 个工作日内	实施机构
	移交项目资产或设施上各类担保或权益限制的解除情况（如适用）	即时公开	对应解除完成后 10 个工作日内	实施机构、项目公司
	项目设施移交标准达标检测结果	即时公开	达标检测结果出具后 10 个工作日内	实施机构
	项目后评价报告，以及项目后续运作方式	即时公开	后评估报告定稿或项目后续运作方式确定后 10 个工作日内	

注：详见“关于印发《政府和社会资本合作（PPP）综合信息平台信息公开管理暂行办法》的通知”，2017 年 1 月 24 日。

参 考 文 献

1. 刘尚希．公共风险视角下的公共财政［M］．北京：经济科学出版社，2010 (1).

2. 刘尚希．公共风险论［M］．北京：人民出版社，2018 (4).

3. 刘尚希等．大国财政［M］．北京：人民出版社，2016 (11).

4. 刘尚希，王朝才主持，谭静等著．国内 PPP 立法分析［M］．北京：中国财政经济出版社，2017.

5. 刘尚希，王朝才等著．以共治理念推进 PPP 立法［M］．北京：中国财政经济出版社，2016.

6. 刘尚希，王朝才主持，李欣、陈新平、景婉博、于雯杰著．国外 PPP 法律文本解析［M］．北京：中国财政经济出版社，2017.

7. 刘尚希．"多元共治"破解 PPP 立法难，经济参考网，相关链接：http://jjckb.xinhuanet.com/2016-02/28/c_135138472.htm，2016 年 2 月 28 日。

8. 贾康，苏京春．PPP：制度供给的伟大创新［J］．财政部财政科学研究所《研究报告》2014，183 (12).

9. 苏明，贾西津，孙洁，韩俊魁．中国政府购买公共服务研究［J］．财政研究，2010 (1).

10. 陈少强，刘薇，姜楠楠．PPP 立法专题研讨会观点综述［J］．财政科学，2016 (2).

11. ［加］耶斯考比（E. R. Yescombe），杨欣欣译．公共部门与私营企业合作模式：政策与融资原则［M］．北京：中国社会科学出版社，2012.

12. ［美］唐纳德，凯特尔（Donald F. Kettl），孙迎春译．权力共享：公共治理与私有市场，北京：北京大学出版社，2009.

13. ［美］Roy W. Bahl 等编著，陶然等译．发展中国家大都市政府融资［M］．北京：科学出版社，2013.

14. 财政科学研究院金融研究中心课题组赵全厚等．建立规范透明的地方政府融资机制［E］．经济参考网，2016，5，23，http：//jjckb. xinhuanet. com/2016－05/23/c_135379703. htm.

15. 于文轩．政府透明度与政治信任：基于 2011 年中国城市服务性政府调查的分析［J］．北京：中国行政管理，2013（2）．

16. 张建．论政府透明度研究的理论维度［J］．北京：求是，2015（9）．

17. 何玉，唐清亮．公共服务、政府透明度与公众对政府的信任：影响机制与经验数据［J］．华东经济管理，2010（4）．

18. 贾英姿．科学合理界定政府在 PPP 中的角色和责任［N］．中国证券报，2015 年 11 月 23 日．

19. 贾英姿，张志波．PPP 信息披露机制构建与发展［J］．经济研究参考，2017（49）．

20. 冯光华等编著．中国资产证券化市场发展报告 2016［M］．北京：中国金融出版社，2016（3）．

21. ［美］B. 盖伊·彼得斯（B. Guy Peters）著，吴爱明，夏宏图译．政府未来的治理模式［M］．北京：中国人民大学出版社，2014.

22. *Best Practices in PPP Financing Latin America*：*innovative approaches*，World Bank，Jan. 2012.

23. Eduardo Engel，Ronald Fischer，Alexander Galetovic（2007）：*THE BASIC PUBLIC FINANCE OF PUBLIC－PRIVATE PARTNERSHIPS*，NBER Working Paper 13284，美国国家经济研究局（NBER），July，2007.

24. Eduardo Engel，Ronald Fischer，Alexander Galetovic. "Soft Budget and Renegotiations in Public－Private Partnerships"，NBER Working Paper 15300，August，2009.

25. Ed Farquharson and Javier Encinas（2010）．"*The U. K. Treasury Infrastructure Finance Unit*：*Supporting PPP Financing During the GlobalLiquidity Crisis*"，World Bank Institue，March，2010.

26. Graeme A. Hodge and Carsten Greve Source（2007）. *Public－Private Partnerships*：*An International Performance Review*［*J*］. Public Administration Review，Vol. 67，No. 3（May－Jun.，2007），pp. 545－558.

27. "*Implementing a Framework for Managing Fiscal Commitments from Public Private Partnerships*"，World Bank Group，July，2013.

28. Michael A. Murray. Comparing Public and Private Management：An Exploratory Essay［J］. *Public Administration Review*，Vol. 35，No. 4（Jul.

– Aug. , 1975), pp. 364 – 371.

29. Nutavoot Pongsiri (2002). *Regulation and public-private partnerships* [J]. International Journal of Public Sector Management, Vol. 15, Iss6: pp. 487 – 495.

30. Public Private Infrastructure Advisory Facility. "Public – Private Partnership Units: Lessons for their design and use in infrastructure", PPIAF of World Bank Group, Oct. 2007.

31. Richard Florizone, Laurence Carter. "*A Winning Framework for Public – Private Partnerships: Lessons from* 60 – *Plus IFC Projects*", International Finance Corporation of World Bank Group, April 2013.

32. "*World Bank Group Support to Public – Private Partnerships Lessons from Experience in Client Countries*, *FY02 – 12*", World Bank Group, July, 2014.

33. *Disclosure in Public – Private Partnerships: Jurisdictional Studies*, World Bank Group, 2015. 8.

34. *Disclosure of Project and Contract Information in Public – Private Partnerships*, World Bank Group, 2013.

35. *A Framework for Disclosure in Public – Private Partnerships: Technical Guidance for Systematic, Proactive Pre – & Post – Procurement Disclosure of Information in Public – Private Partnership Programs*, World Bank Group, 2015. 8.

36. O'Hara M. Market Microstructure Theory [M]. Cambridge, MA: Blackwell Publishers, 1996.

37. Madhavan A. Trading mechanisms in securities markets [J]. Journal of Finance, 1992, 47 (2): pp. 607 – 642.

38. Erik Theissen. Market Structure, Informational Effeciency and Liquidity: An Experimental Comparision of Auction and Dealer Markets [J]. Journal of Financial Markets, 2000, (3).

39. Madhavan, A. Security Prices and Market Transparency [J]. Journal of Financial Intermediation, 1996, (5).

40. Pagano M., Roell A. Transparency and liquaidlity: a comparison of auction and dealer markets with informed trading [J]. Journal of Finance, 1996. 51: pp. 579 – 611.

41. Grund B. D., Mc Nichos M. Trade and relelation of information

through prices and direct disclosure [J]. Review of Financial Studies, 1989, 2 (4): pp. 495 -526.

42. Amihud Y. , Mendelson. Dealership market: Market-making with inventory [J]. Journal of Financial Economics, 1980 (8).

43. Board. J. and C. Sutcliff, 1995, The Effect of Trade Transparency in the London Stock Exchange.

44. Holden C. E. , Subrahmanyam A. Long-lived private information and imperfect competition [J]. Journal of Finance, 1992, 47 (1) P. 10.

45. HM Treasury: A new approach to public private partnerships, 2012 (12): P. 3.